全国高职高专印刷与包装类专业教学指导委员
——出版类专业系列教材

U0670470

出版概论

主　编　靳　琼

副主编　许春辉

重庆大学出版社

图书在版编目(CIP)数据

出版概论/靳琼主编. —重庆:重庆大学出版社,
2014.2(2019.8 重印)
全国高职高专印刷与包装类专业教学指导委员会"十
二五"规划教材.出版类专业系列教材
ISBN 978-7-5624-7954-3

Ⅰ.①出… Ⅱ.①靳… Ⅲ.①出版工作—概论—
高等职业教育—教材 Ⅳ.①G231

中国版本图书馆 CIP 数据核字(2014)第 000369 号

出版概论

主 编 靳琼
副主编 许春辉

责任编辑:尚东亮 伍 婷 版式设计:尚东亮
责任校对:刘雯娜 责任印制:张 策

*

重庆大学出版社出版发行
出版人:饶帮华
社址:重庆市沙坪坝区大学城西路 21 号
邮编:401331
电话:(023) 88617190 88617185(中小学)
传真:(023) 88617186 88617166
网址:http://www.cqup.com.cn
邮箱:fxk@ cqup.com.cn (营销中心)
全国新华书店经销
重庆紫石东南印务有限公司印刷

*

开本:720mm×960mm 1/16 印张:14.25 字数:263 千
2014 年 2 月第 1 版 2019 年 8 月第 3 次印刷
印数:3 501—4 500
ISBN 978-7-5624-7954-3 定价:36.00 元

【前　言】

近年来,我国高等职业教育得到了快速发展,已初步形成了适应我国社会主义现代化建设需要的高等职业教育体系。我国高等职业教育已经从重规模发展转型到重内涵建设,编写出版具有高等职业教育特色的优秀教材,既是高等职业教育内涵建设的重要内容之一,也是实现我国高等职业教育人才培养目标的重要保证。

由全国高职高专印刷与包装类专业教学指导委员会和重庆大学出版社,组织北京印刷学院、上海出版印刷高等专科学校、安徽新闻出版职业技术学院、江西新闻出版职业技术学院、湖南大众传媒职业技术学院、深圳职业技术学院六所院校共同参与编写的这套"出版类专业系列教材",本着"适应时代要求,体现高职特色,着眼综合素质培养,精简教学内容"的编写原则,力求将新的教学理念、新的教学实践融入到教材之中,及时准确反映出版行业的最新发展成果。这次教材编写工作,为大家提供了一个彼此分享教学成果的机会,并将对推动我国出版类高等职业教育的内涵建设起到积极的促进作用。

"出版概论"作为出版专业的基础课,虽然不是一门技能型课程,但它为学生今后的专业课程学习以及未来的职业发展架起一座桥梁,可以使学生全面了解并掌握出版专业知识,为学生综合职业能力发展和职业素养的提高打下良好的基础。

本书作者大多具有丰富的出版行业从业经验,现从事出版专业的教学工作。在教学中,大家的一致感受是"出版概论"课程的教材最难选择,市面上诸如《出版概论》《出版学概论》的教材并不少,但其内容往往大相径庭,因为只要和出版相关的内容似乎都可以纳入其中,每一位编著者对内容的甄选自然各有侧重。本书作者也仍未脱离这一窠臼。

我们在拟定本书编撰大纲时,确定了以下两条原则:

第一,专业基础知识的"必需"与"够用"原则。"必需",是指教材的理论内容应满足学生掌握最基本、最常用的出版专业基础知识,充分体现高等职业教材的针对性和适用性;"够用"是指教材所选知识内容的广度和深度能够满足学生今后专业课程学习和学生未来从事职业岗位工作的需要即可,避免过多、过深的理论分析。

第二，突出高等职业教育特色，将行业标准融入教学内容。本书的 12 个章节涵盖了出版专业职业资格考试大纲的若干知识模块，书中对一些基本概念的阐述也参照了出版专业职业资格考试辅导教材的内容，基本做到了教学内容与行业标准的融合。本书的教学内容，能有效地帮助学生通过出版专业职业资格考试。

本书共 12 个章节，涵盖了出版活动和出版物两大板块的专业知识。第一章至第七章构成了教材的第一板块，主要讲述与出版活动相关的专业知识；第八章至第十二章构成了教材的第二板块，主要讲述与出版物相关的专业知识。教师在使用本教材进行教学时，既可以按照章节顺序进行教学，先讲解关于出版活动的专业知识，再让学生了解出版物的相关知识；也可以先教授第八章至第十二章关于出版物的专业知识，因为出版物对学生来说并不陌生，在让学生充分了解和掌握了出版物的相关知识后，再讲述出版活动的专业知识，往往能获得更好的教学效果。

本书由靳琼担任主编，许春辉担任副主编。各章节的作者如下：

章　节	作　者
第一章　出版与出版物	靳　琼
第二章　出版源与流	许春辉
第三章　出版过程	靳　琼
第四章　出版物市场	马　迁
第五章　我国出版业及其行政管理	马　迁
第六章　世界出版概貌	许春辉
第七章　出版著作权贸易	黄　静
第八章　图书	张旻昉
第九章　期刊	许春辉
第十章　报纸	许春辉
第十一章　音像制品	黄　静
第十二章　数字时代的出版	黄　静

在本书的撰写过程中，得到了很多专家、朋友及单位的支持与帮助，在此一并表示感谢。特别要感谢陈达凯和陆嘉琦教授，他们对本书的撰写提出了很多建设性意见。本书参考了大量的文献资料，并在书后的"参考文献"中一一列出，在此向这些文献资料的作者表示深深的谢意。

限于编者的水平有限，书中差错、疏漏及不妥之处在所难免，恳请出版界和教育界同仁及读者批评指正。

编　者
2013 年 11 月 26 日

目录

出版概论

第一章

出版与出版物

学习目标

通过本章的学习,使学生比较全面地认识出版活动和出版物,能够正确区分什么是出版活动、什么是出版物以及各种出版物的特点,了解出版活动在社会文化发展过程中的作用,为后续学习准备必要的基础知识。

知识要点

了解中国历史上和西方关于出版的概念;掌握出版的定义;掌握出版活动的构成要素;熟悉出版活动的特征;熟悉开展出版活动的条件;掌握出版物的概念;熟悉出版物的属性;掌握出版物的构成要素;掌握图书、报纸、期刊的特点;熟悉音像制品、电子出版物和互联网出版物的特点。

第一节　出版概述

我们把书稿、图画等编印出来，将唱片、磁带、光盘等制作出来，或者将各种形式的出版物内容通过互联网传播，等等，都是出版活动。出版活动是人类文明发展到一定阶段的产物，它既是文化的一个重要组成部分，又是文化传承和传播的载体，并极大地推动着文化的发展。

一、出版的概念

随着人类社会政治、经济、文化和科学技术的发展，出版活动本身在不断发展和变化，同时，"出版"概念也有一个历史演变过程。

（一）中国历史上的出版概念

我国很早就有出版活动，但直到近代才出现"出版"这个词。在我国古代，出版活动往往被称为"梓行""雕印""板印""印行""版行"等。据我国学者考证，"出版"一词起源于日本，后传入中国。

1833 年，创办于广州的中文月刊《东西洋考每月统计传》，其序言中曾两次使用了"出版"一词。

1879 年，黄遵宪在和日本学者笔谈中使用了"出版"一词。他还曾在其著作《日本国志》中写道："明治五年(1872 年)，仿西法设出版条例，著书者给以版权，许之专卖，于是士夫多以著书谋利益者。"该书的出版时间是 1890 年或 1895 年。

1899 年，梁启超在其著作《自由书》中写道："人群进化莫要于思想自由言论自由出版自由。"

1906 年，清朝政府颁布的《大清印刷物专律》中载有："所谓记载物件者，或定期出版或不定期出版，即新闻丛录等，依本律名目谓之记载物件。"这是我国第一次在法律文件上使用"出版"这一专业用语。

1914 年，北洋政府颁布的《出版法》中载有："用机械或印版及其他化学材料印刷之文书图画出售或散布者，均为出版。"

1930 年，国民政府颁布的《出版法》中载有："本法称出版品者，谓用机械或化学之方法所印刷,而供出售或散布之文书图画。"

(二)西方关于出版的概念

在西方,"出版"一词出现比较早。1330 年前后,法语中有了表示"出版"的词语 publier;1450 年前后,英语中也出现了表示"出版"的词语 publish。它们都源自拉丁语 publicare,其本义是"公之于众"。

现代西方的一些权威性文献和工具书对"出版"也下过定义。

联合国教科文组织于 1971 年修订的《世界版权公约》将"出版"定义为:"将可供阅读或视觉可以感知的作品,以有形的形式复制并向公众普遍发行。"

1973 年,美国出版的《不列颠百科全书》的"出版"条目写道:"出版就是书面作品的选择、制作与发行。它早于印刷和纸张。"

1989 年,英国出版的《牛津英语大词典》的"出版"条目写道:"出版是指发行或向公众提供用抄写、印刷或任何其他方法复制的书籍、地图、版画、照片、歌篇或其他作品。"

上述对"出版"概念的定义虽然不尽相同,但对出版活动本质特征的描述十分接近,即出版活动包括了三个特征:第一,出版是将已有的作品转变为出版物的过程;第二,作品必须经过复制,形成一定的载体形式;第三,通过一定方式向公众传播。

(三)出版的定义

"出版"概念的演变,反映了出版活动本身的变化和发展。中国历史上的出版概念侧重于"印刷",而西方关于出版的概念则更强调"公之于众"。上述关于出版的概念中,对出版物的复制方式、出版物的载体形式等方面的表述都存在或多或少的差异。因为出版活动本身随着社会的发展在不断变化和发展,关于出版概念的内涵和外延也随之发生改变。

1991 年 5 月 30 日,我国颁布的《中华人民共和国著作权法实施条例》(以下简称《条例》)对"出版"给出了较为完备、准确的解释:"出版,指将作品编辑加工后,经过复制向公众发行。"《条例》中还指出:"复制,指以印刷、复印、临摹、拓印、录音、录像、翻录、翻拍等方式将作品制作一份或者多份的行为。""发行,指为满足公众的合理需求,通过出售、出租等方式向公众提供一定数量的作品复制件。"

2001 年,我国建立出版专业技术人员职业资格制度。全国出版专业职业资格考试办公室组织全国各地出版行业的专家及相关学科的专家,编写"全国出版职业资格考试辅导教材",并多次进行修订。该教材中关于出版概念和范畴的论述,在出版行业和出版学界都得到广泛认可。2011 年版全国出版职业考试辅导教材中将"出版"明确定义为：

所谓出版，是指编辑、复制作品并向公众发行，以传播科学文化、信息和进行思想交流的一种社会活动。

二、出版活动的构成要素

根据出版的定义，构成出版活动的三个基本要素是编辑、复制和发行。出版活动是将已有作品形成出版物的过程，因此，作者创作作品的活动不属于出版活动，但作者创作的作品是出版活动的前提。

（一）编辑

编辑是以生产精神产品为目的，策划、组织、审读、选择和加工作品的专业性精神生产工作。编辑在出版活动中居于中心地位，是复制和发行的前提。

"编辑"是一个多义词，有时也指一种著作方式，就是根据特定要求选择若干作者的作品或作品片段，汇集编排成一部或一套作品。这与我们讨论的出版工作中的编辑概念是有区别的。作为著作方式的编辑，属于作者的创作活动，编辑作品的人依法享有著作权。

而作为出版活动要素之一的编辑，不是创作作品，而是根据社会和消费者的需要，策划选题，组织作者来创作作品，或是对已有作品进行审读、选择和优化。编辑不是直接创作作品，编辑的工作对象是作品，通过对作品的审读、选择、加工和优化，形成适合社会和消费者需要的出版物内容。编辑作为一项社会文化工作，具有政治性、思想性、科学性、创造性等特点；作为一项专业性的精神生产工作，又具有选择性、加工性、中介性等专业特点。

"编辑"一词也可指从事专业性编辑工作的人员，以及这类人员的中级专业技术职务。

（二）复制

复制是指以各种方式根据作品内容制成一份或多份与其内容信息相同的复本的工作。通过复制将作品的精神内容物化在一定的物质载体上，是作品得以传播的重要手段。

在出版活动中，目前最常见的复制方式是印刷。在印刷术发明前，抄写是复制的重要手段。随着科学技术的发展，出版物的形式除了图书、报纸、期刊，还有音像制品、电子出版物和互联网出版物等，因此复制方式除了印刷还包括翻录、光盘压制、集成电路卡制作、计算机下载等。

无论采用何种复制方式,其目的都是使精神文化内容具有一定的物质载体,供消费者阅读或使用;使编辑加工好的作品具有一定量的复本,使作品中的精神文化内容得以广泛传播。

(三)发行

发行是指出版单位通过商品交换将出版物传送给消费者的活动。

出版活动是为了传播科学文化、信息和进行思想交流,其内在动机和根本目的就是向公众传播。在商品社会中,出版物作为商品,普遍是通过商品交换传送到消费者手中的,除了销售和出租,免费赠送也是一种特殊的发行传播方式。

三、出版活动的特征

自从有了出版活动,人类知识和经验的传播,在空间上和时间上都得到了大大扩展,出版活动通过积累人类的科学文化知识和先进的思想,并加以扩大传播,推动社会向前发展。出版活动作为一种社会文化活动,有它自己的特征。

(一)社会传播属性

传播指人与人之间通过符号传递信息、思想、态度、感情,以此实现信息共享和互换的过程。它是人们相互交流,结成各种社会关系的基础。私人通信、情报传递等都不属于出版活动,出版活动是向公众传播的活动,即"公之于众"。出版活动的产生就是为了满足人们获得信息的需要;向公众传播信息是出版活动最根本的目的。

(二)文化属性

自古以来,出版物就是积累和传播文化成果的主要载体。出版活动在人类文化发展的过程中,扮演了极其重要的角色,出版活动不仅是保存文化、传承文化的过程,也是生产文化的过程。作者创作的作品,如果不通过出版活动,其中包含的精神文化内容就得不到传播,更无法得以保存和传承;出版活动同样也离不开文化,没有文化内容,出版活动失去了工作的对象,也就成为不可能和不必要的事情。

(三)经济属性和商业属性

出版活动首先是一种文化活动,但是将精神内容复制在某种载体上,转化为出版物的过程,是一种物质生产过程。生产者需要利用一定的工具设备,对原材料进行加工和处理,形成具有某种物质载体的出版物。物质生产活动决定出版活动具有经济属性。

在市场经济条件下,出版物通常是通过商品流通得以广泛传播。也就是说,出版者是通过商品交换将出版物传送给消费者,只有在商品交换的过程中收回成本并获得一定的利润,出版活动才能持续进行。所以,出版活动也具有商业属性。

(四)意识形态属性

出版活动是传播科学文化、信息和进行思想交流的一种社会活动,出版活动的许多成果都影响着人们的价值观念、思想信仰和政治立场,具有明显的意识形态属性。我国出版工作是中国社会主义事业的重要组成部分,国务院颁布的《出版管理条例》规定"出版事业必须坚持为人民服务、为社会主义服务的方向"。出版活动的意识形态属性决定了出版活动"为谁服务"。

出版活动的意识形态属性是通过精神文化内容来保证和实现的,与出版活动的文化属性密切相关。西方国家的出版活动也强调文化属性,通过将意识形态属性附着在文化属性上,来体现西方社会的价值取向。

四、出版资源

出版资源是出版产品形成过程中必须加以开发、利用的各种社会资源,包括人力资源、信息资源和物质资源,是开展出版活动必须具备的基本条件。

(一)人力资源

出版活动包括三个阶段:一是精神产品生产阶段,二是物质产品生产阶段,三是产品流通阶段。在精神产品生产阶段,必须由编辑、校对、技术编辑等出版专业技术人员对"已有作品"进行内容编辑、加工整理和表现形式设计,才能形成适合社会和消费者需要的精神文化产品;在物质产品生产阶段,必须由技术设计人员、技术工人、管理人员等负责将精神文化内容加工制作成物质产品,而出版专业技术人员在这个阶段也负有监督物质产品生产质量的职责;在产品流通阶段,由发行人员负责将出版物通过批发、零售等环节从出版单位传递给消费者。

除此以外,参与出版活动的人力资源还包括出版行政管理人员、出版教育人员、出版科研人员、出版物资供应人员等。他们虽然不直接从事出版活动,但也为出版活动的开展提供了支持和保证。

（二）信息资源

信息资源的范围极其广泛,它包括一切情报、资料、消息、知识等。信息资源不是消耗型资源,而是再生型资源。出版活动的本质就是开发、利用已有的信息资源,使其优化、增值,并向公众传播,形成新的信息资源。

与出版活动密切相关的信息资源包括:

1. 社会发展资源

社会发展资源不仅包括当下社会政治、经济、科学技术、文化教育等各方面发展信息,也包括传统文化资源。世界上各个民族都有自己的传统文化,中华民族有着 5000 年的悠久历史,积累了异常丰富的传统文化资源,为出版活动提供了取之不尽、用之不竭的文化资源,具有不可估量的开发潜力。

2. 作品和作者资源

作品是构成出版物精神文化内容的来源,是出版活动的前提。作品是由作者创作的精神文化资源,失去了作品,出版活动就成了"无米之炊"。编辑作为出版活动的构成要素,其工作对象就是作品。编辑工作一方面要对已有作品进行审读、选择、加工和优化,另一方面也要利用已有的信息资源策划选题,组织作者来创作作品。因此,作者资源也是开展出版活动的重要资源。

3. 已有出版物资源

已经出版的出版物不仅是出版活动的产品,也是开展出版活动的信息资源,可以继续开发、利用。因为信息资源不会在使用和消费过程中减少和消失,反而会通过开发和利用不断优化、增值。已有出版物资源既包括出版社自己已经出版的出版物,也包括其他出版社已经出版的出版物。出版社可以通过利用、整合本社的已有出版物资源,开发重版书、系列书和跨媒体出版物;出版社也要善于利用市场上已有的出版物信息,把握社会精神文化发展和市场需求信息;出版社还可以通过版权贸易,引进国外已经出版的出版物;等等。

4. 市场资源

出版活动的内在动机和根本目的就是向公众传播,满足消费者的信息需求。消费者对出版物的消费需求形成一定的出版物市场,出版物市场资源是开展出版活动的重要条件。开展出版活动,必须了解消费者的需求信息、出版物市场的供求关系信息,以及竞争对手的信息。

（三）物质资源

出版资源中的物质资源与其他生产活动的物质资源没有根本区别,由生产出版物所需的各种物质材料以及各种有形资产构成。在出版活动的三个阶段中,物质产品生产阶段是形成出版物物质载体的过程,需要消耗大量的物质资源,如必须有供复制产品用的厂房、机器设备,以及纸张、油墨、装订材料、包装材料等原材料。没有这些物质资源,就不能将精神内容物化在物质载体上,精神内容得不到传播,出版活动也就无法开展。

第二节　出版物

出版活动就是将作品变成出版物的过程,出版物是出版活动的成果。在了解出版活动的基本知识后,我们再认识一下出版物。

一、出版物的概念和属性

出版物作为出版活动的成果,既是积累文化的重要工具,又是传播思想、知识、信息的重要媒介。

(一)出版物的概念

出版物就是将精神内容复制在物质载体上向公众传播的作品。作家写的小说、画家画的图画、音乐家谱写的谱曲等,是作者精神劳动的成果,是作品而不是出版物。当这些作品经过编辑加工后,被复制在一定的物质载体上向公众传播时,才成为出版物。出版物就是已出版的作品。

(二)出版物的属性

作者创作的作品必须通过出版活动才能转化成出版物,在这个过程中,作者的创作活动和出版活动共同赋予了出版物的不同属性。

1.精神产品属性

作者创作作品的活动是一种智力活动,属于精神生产活动,作品中包含的思想、知识或艺术等精神文化内容,就是作者精神生产的成果。在出版活动的编辑过程中,编辑人员要根据社会和消费者的需要,策划选题,组织作者来创作作品,或是对已有作品进行审读、选择和优化,编辑活动主要也是精神生产活动。正是作者和编辑人员的精神生产工作赋予了出版物的精神产品属性。

2. 物质产品属性

出版物的形态是由各种物质材料构成的,如图书、报纸、期刊等纸介质出版物以纸张作为载体,音像制品、电子出版物、互联网出版物以磁带、光盘、磁盘、集成电路卡、电子阅读设备等为载体,这些物质载体的形成过程属于出版活动的物质生产阶段,在这一阶段需要投入人力、物力和财力资源,需要消耗物质资源和能源,本质和其他物质产品的生产过程完全一样。出版活动的物质产品生产阶段赋予了出版物的物质产品属性。

3. 商品属性

作者创作的作品经过编辑加工形成出版物母本,出版物母本的内容信息复制到物质载体上形成出版物,当出版物传送到消费者手中,整个出版过程才算完成。在商品社会里,绝大部分出版物是通过商品交换传送给消费者的。因此,出版物也具有一般商品的属性——价值和使用价值。当出版物被销售出去之后,凝聚在出版物中的各种劳动价值才得以实现,读者通过阅读获得其使用价值。

4. 出版物的特殊性

(1)既是精神产品又是物质产品

出版物是精神生产活动的成果,承载着一定的精神文化内容,具有精神产品的属性;同时它们又是物质生产活动的成果,有一定的物质载体形式,具有物质产品的属性。因此,出版物具有精神产品和物质产品两重属性。在商品经济条件下,出版物的物质产品属性又表现为商品属性,因此,出版物的两重属性又表现为精神产品属性和商品属性。

两种属性中,精神产品属性是出版物的本质属性。因为消费者购买出版物,不是为了满足衣、食、住、行、用等物质生活的需要,而是为了获取信息、知识、思想等,满足精神文化生活的需要。出版物对社会的影响,也是通过其精神文化内容对人们的思想观念、道德情操等方面产生的影响来体现的。

(2)使用价值的特殊性

出版物和其他物质产品一样都具有使用价值,但两者在使用价值的优劣标准和社会效用的判断都存在区别。

物质产品满足人们吃、穿、住、行、用等物质生活的需要,使用价值是有形的,可以计量的;出版物满足人们各种精神文化生活需要,使用价值是无形的,是难以计量的。物质产品的社会效用一般可以由市场来评价,消费者需要的产品,质量好的产品,销路也好,一般情况下,其使用价值就高,且能产生正面的社会效用。而出版物则不然,其社会效用不能完全由市场来判断,一些优秀出版物,可能市场销路并不好,而某些畅销书虽然销路很好,但内容可能极其平庸;有些出版物内容荒诞、淫秽,内容质量不合格,但仍能满足某些人的阅读需求,这类出版物虽然也具有使用价值,但只能产生负面的社会效用。因此,出版物的使用价值与社会效用既可能一致,也可能背离,甚至产生负面的社会效用。

(3)社会效益与经济效益既可能统一,也可能对立

通过商品交换把商品卖出去,商品生产者实现商品的价值,消费者得到使用价值。对于普通商品来说,只要商品销售出去,生产者实现商品的价值,就获得了经济效益;消费者得到使用价值,消费产品的过程就产生社会效益。一般情况下,社会效益和经济效益是一致的,两者不存在对立关系。

由于出版物使用价值的特殊性,优秀出版物虽然具有社会效益,但由于销路不好,可能不产生经济效益;而劣质出版物虽然无任何社会效益可言,但能满足某些人的阅读需求,也可能销路很好,取得经济效益。出版物作为一种特殊的商品,其社会效益和经济效益可能并不一致,甚至会产生对立。将社会效益放在首位,实现社会效益与经济效益相结合,既是我国出版工作的重要方针原则,也是出版物属性的必然要求。

二、出版物的构成要素

出版物就是将精神内容复制在物质载体上向公众传播的作品。根据出版物的这一定义,我们可以得出构成出版物的三个要素:精神内容、物质载体和向公众传播。也就是说,只有具备这三个要素,才可称为出版物。

1.精神内容

即以文字、图形、图像、声音或其他符号形式表现的精神文化内容,是作者和编辑精神劳动的成果。这一要素赋予出版物精神产品属性。

2.物质载体

即承载精神内容的物质载体。出版物要实现向公众传播的功能,必须将精神内容物化在可携带的物质载体中。我们最熟悉的出版物的物质载体就是纸张,到目前为止,纸张也是采用最多的物质载体。在纸张发明前,我国古代长期使用竹简、木牍、缣帛等物质载体,世界上其他国家还使用过泥版、纸草纸、蜡版、羊皮纸、贝叶等物质载体。随着科学技术的发展,现在人们还使用磁带、光盘、磁盘、集成电路卡、电子阅读设备等作为物质载体。这一要素赋予了出版物物质产品属性。

3.用于传播

向公众传播是出版活动的内在动机和根本目的。是否向公众传播,是区别出版物与非出版物的重要标志。在我国古代,曾出现过陶器、甲骨、青铜器、石头等记

录文字的载体,虽然它们在记录历史、保存文献方面起到了巨大的作用,但还不具备向公众传播的功能,因此还不能算作真正的出版物。

三、出版物的种类

出版物的种类随社会的发展而变化。根据载体、内容、表现形式、生产方式等方面的总体特征,现代出版物可以分为图书、报纸、期刊、音像制品、电子出版物和互联网出版物等。其中,最早出现的是图书,随后是报纸、期刊,后来又先后出现了音像制品、电子出版物和互联网出版物。图书、报纸和期刊通常是以纸张为载体、以印刷方式复制,所以往往又把它们合称为"纸介质出版物"、"纸质出版物"或"印刷型出版物",以区别以光、电、磁介质为载体的音像制品、电子出版物和互联网出版物。

(一)图书

图书是以纸介质为载体,主要以印刷方式复制的非连续出版物,包括装订成册的书籍和散装的图片。在一般情况下,图书与书籍为同义语。

图书的主要特点是:

第一,图书在出版方式上一般是非连续出版,通常每种书都有单独的名称。但在编辑活动中,有时也将多部作品,按照一定的编辑意图,汇编成一套书,冠以一个总书名,不定期连续出版,称为丛书或丛刊。

第二,图书在内容上较为稳定,主题集中,结构具有系统性,使用寿命较长,往往会重印或再版。一些经典著作可流传几十年、几百年,甚至上千年。

第三,一本书可以是一篇单独的作品,也可由多篇作品汇编而成;一本书的作者可以是单人,也可以是多人。

第四,现代图书的必备结构部件包括封面、主书名页和正文书页。

(二)报纸

报纸是指有固定名称、刊期、开版,以新闻与时事评论为主要内容,以印刷方式复制,以纸介质为载体的散页连续出版物。报纸每周至少出版一期。

报纸按出版周期分为日报和非日报,凡每周出版四次以上的为日报,不足四次的为非日报。报纸按内容又可分为综合性报纸和专业性报纸,综合性报纸内容广泛,供广大读者阅读;专业性报纸内容专业,供特定读者阅读。

报纸的主要特点是:

第一,报纸的出版方式是连续出版,即按一定的出版周期,用一个固定的名称,一期接一期地出版,且每周至少出版一期。

第二,报纸以刊载新闻和新闻评论为主,内容上注重时效性,一般不重印或再版。

第三,报纸均由众多作者的作品汇编而成。

第四,报纸的内容结构主要包括新闻、专刊、副刊、评论、广告五部分。

(三)期刊

期刊又称杂志,是指有固定名称,用卷、期或者年、季、月顺序编号,按照一定周期出版,以印刷方式复制,以纸介质为载体,装订成册的连续出版物。

期刊可分为供大众阅读的综合性期刊与供专业人员阅读的专业期刊。按出版周期,期刊分为周刊、旬刊、半月刊、月刊、双月刊、季刊、年刊等,年刊一般称为年鉴。

期刊的主要特点是:

第一,期刊的出版方式是连续出版,有一个固定的名称,按照一定的出版周期,一期接一期地出版,且每年至少出版一期。

第二,期刊的内容广泛,每种期刊均设有若干栏目,每期可刊载体裁与风格不同的文章,及时满足读者对有关知识和信息的需求。内容的稳定性和系统性比图书弱,但时效性比图书强,一般情况下,也不重印或再版。

第三,和报纸一样,期刊也是由众多作者的作品汇编而成。

第四,期刊的必备部件包括封面、目次页和正文书页。

(四)音像制品

音像制品是采用模拟或数字信号技术,将声音、图像、连续性录像画面、文字等记录下来,经过编辑加工后,复制到电、光、磁介质等载体上,通过视听设备播放使用的出版物。

音像制品一般分为录音制品和录像制品两大类。录音制品是将声音记录在电、光、磁介质载体上,可通过相关设备再现音乐、语言类等作品。目前,录音制品的主要载体有录音带、唱片、激光唱盘等;录像制品是将动作、画面、表情和场景等记录在电、光、磁介质载体上,具有类似或再现电影、电视片的功能。目前,录像制品的主要载体有录像带和激光视盘两类,激光视盘又包括视频光盘(LD)、视频压缩光盘(VCD)、数字视频光盘(DVD)等多种类型。

音像制品作为出版物,与图书、报纸、期刊等纸介质出版物一样具备出版物的三个要素:精神内容、物质载体和用于传播。音像制品与纸介质出版物的区别主要在于：

第一，信息内容的表现形式更加丰富，大量运用声音、图像、活动影像等媒体形式。

第二，物质载体和复制方式不同。音像制品以各种电、光、磁介质为载体，复制方式也不是印刷，而是磁带翻录、光盘压制等。

第三，消费者需要借助一定的播放设备才能使用。

（五）电子出版物

电子出版物是指以数字代码方式，将知识性、思想性内容的信息编辑加工后存储在电、光、磁介质等载体上，通过电子阅读、显示、播放设备读取使用的大众传播媒体。

电子出版物分为"非连续型电子出版物"和"连续型电子出版物"两大类，前者包括电子图书类和电子游戏类等电子出版物，后者包括电子报纸类和电子期刊类等电子出版物。电子出版物的主要载体有磁盘、光盘、集成电路卡等。

与纸介质出版物相比，电子出版物与音像制品具有许多类似的特点。电子出版物与音像制品的主要区别在于：

第一，信息内容的表现形式可实现互动性。

第二，物质载体和复制方式与音像制品互有交叉。

第三，消费者需要借助一定的播放设备才能使用，播放设备与音像制品各有异同。

（六）互联网出版物

互联网出版物是指经过互联网出版单位选择和编辑加工，登载在互联网上或者通过互联网发送到用户端，供公众浏览、阅读、使用或者下载的作品。目前，互联网出版物主要包括数字图书、数字报纸、数字期刊、网络地图、数字影像制品、网络数据库出版物、网络游戏等。

互联网出版物的主要特点是：

第一，互联网出版物是通过互联网进行传播的，出版物的精神内容必须以数字代码方式加以存储。信息内容形式多样，运用多媒体技术融合了上述各种出版物的内容表现形式，传播手段多样化。

第二，其他出版物需要先复制一定数量的复本，再进行发行，向公众传播。互联网出版物在完成精神内容的编辑加工后，出版物母本以数字代码方式保存，并不立即进行复制；当消费者购买时，再将母本的信息内容通过互联网发送到消费者的计算机或其他电子设备,消费者可下载或在线阅读出版物内容。此时,出版物的复制和发行同时完成。

第三,与电子出版物一样,阅读、使用互联网出版物也需要相应的设备,目前常用的设备有计算机、手持阅读器、平板电脑、手机等。

小　结

出版活动是人类文明发展到一定阶段的产物,它既是文化的一个重要组成部分,又是文化传承和传播的载体,并极大地推动着文化的发展。

所谓出版,是指编辑、复制作品并向公众发行,以传播科学文化、信息和进行思想交流的一种社会活动。构成出版活动的三个基本要素是编辑、复制和发行。

编辑是以生产精神产品为目的,策划、组织、审读、选择和加工作品的专业性精神生产工作。编辑在出版活动中居于中心地位,是复制和发行的前提。

复制是指以各种方式根据作品内容制成一份或多份与其内容信息相同的复本的工作。通过复制将作品的精神内容物化在一定的物质载体上,是作品得以传播的重要手段。

发行是指出版单位通过商品交换将出版物传送给消费者的活动。

出版活动作为一种社会文化活动,具有社会传播属性、文化属性、经济属性和商业属性、意识形态属性。

出版资源是出版产品形成过程中必须加以开发、利用的各种社会资源,包括人力资源、信息资源和物质资源,是开展出版活动必须具备的基本条件。

出版活动就是将作品变成出版物的过程,出版物是出版活动的成果。出版物就是将精神内容复制在物质载体上向公众传播的作品。

出版物具有精神产品属性、物质产品和商品属性。出版物的两重属性,决定了出版物的使用价值、社会效益与经济效益关系的特殊性。出版物的使用价值与社会效用既可能一致,也可能背离,甚至产生负面的社会效用;出版物的社会效益与经济效益既可能统一,也可能对立。将社会效益放在首位,实现社会效益与经济效益相结合,既是我国出版工作的重要方针原则,也是出版物属性的必然要求。

出版物的构成要素包括精神内容、物质载体和向公众传播。根据出版物的载体、内容、表现形式、生产方式等方面的总体特征,现代出版物可以分为图书、报纸、期刊、音像制品、电子出版物和互联网出版物等。其中,最早出现的是图书,随后是报纸、期刊,后来又先后出现了音像制品、电子出版物和互联网出版物。

思考与练习

1.什么是出版?出版活动的构成要素有哪些?

2.出版活动有哪些特征?

3.什么是出版资源?有哪些主要的出版资源?

4.什么是出版物?出版物的构成要素是什么?

5.出版物有哪些属性?出版物有哪些特殊性?

6.现代出版物有哪些种类?它们分别有什么特征?

第二章

出版源与流

学习目标

通过本章的学习,对中国出版和外国出版的历史起源与发展有一个全面的认识,对图书载体的衍变与发展、印刷术的发明与传播、古代图书的生产与贸易等有较为系统的了解。

知识要点

了解中国出版与外国出版的历史起源;熟悉图书出版的不同载体;熟悉中外印刷术的发明与传播;掌握中国古代图书的出版系统;熟悉中外图书的主要贸易与流通方式。

第一节　中国出版的起源与发展

一、书籍的起源与载体的演变

中国是历史悠久的文明古国,与中华灿烂文明休戚相关的图书出版由来已久,中国图书出版的起源可以上溯到先秦时期。

文字产生以后,作为文字承载介质的载体经历了漫长的演变过程,根据考古发掘和文献记载,文字载体主要有陶器、甲骨、青铜器、石头、竹木简牍、缣帛、纸等。

(一)陶器

陶器,即陶制器皿,用黏土烧制而成,在新石器时代大量出现,是当时人类的主要生活用品。

陶文,是指在陶器上刻画的文字和符号(见图2-1)。

图2-1　浙江余杭良渚文化陶文,距今约5 000年

陶文是研究我国文字起源的重要材料。山东莒县大汶口文化遗存中出土的陶尊,其上刻画的文字是目前得到多数专家认可的远古文字。

(二)甲骨

甲骨,即龟甲与兽骨(主要是牛的肩胛骨)。甲骨是中国人较早大量使用的重要文字载体。

甲骨文,是指在甲骨上刻画的文字。甲骨文最早发现于商代后期盘庚迁都至殷(今河南安阳小屯)的废墟遗址,所以又称为殷墟甲骨(见图2-2)。

图2-2　刻有文字的龟甲

甲骨文按时代可划分为殷商甲骨文和西周甲骨文。

甲骨文记载的主要内容是卜辞。先民生产力低下,对大自然异常敬畏,表现为凡事皆需占卜,而刻在甲骨上的记录占卜内容的文字就是卜辞。

(三)青铜器

青铜器,即用青铜铸造的器具,最早是用作生产工具和生活器具,后来逐渐转化成为祭祀用的礼器,并成为王权的象征。

青铜器铭文,是指刻铸在青铜器上的文字,又称为金文,或钟鼎文(见图2-3)。

图2-3　青铜器铭文

青铜器铭文记载的内容较为广泛，涉及政治、军事、文化、社会、法律等各方面。西周毛公鼎是目前发现刻有文字最多的青铜器，其上刻有铭文497个字。

（四）石头

在石头上刻字由来已久，《墨子》中有镂于金石的记载，《管子》中有泰山封禅石刻的记载，现存最早的石刻文字是唐代出土的春秋时秦国的石鼓文，共有石鼓10个，每个石鼓四周都刻有文字。

把文字刻在山崖上叫摩崖；刻在长方形的石上叫碑；刻在圆形的特立之石上称碣。

汉代以降，石刻的使用更为广泛，儒、佛、道等都有大量的石经文字。较为著名的儒家石经文字有：东汉熹平石经、三国魏正始石经、唐开成石经、五代后蜀广政石经、北宋嘉祐石经、南宋绍兴石经、清乾隆石经等；佛经石刻有房山石经等；道经石刻有唐龙兴观石经等。其中，始刻于隋代而终于明代的房山石经，是目前发现的现存数量最大的石刻文字。

石刻文字由于具备公开性和展示性，因而具有出版的公之于众的特征。

（五）竹木简牍

竹木简牍，指经过整治加工而用来书写的竹片和木片。一根竹片称作简，把许多根简编连在一起称作册（策），合称简册（简策）；加工后尚未写字的空白木片称作版，写了字的称作牍，合称版牍；简册和版牍又合称简牍（见图2-4）。

图2-4　简册

竹木简牍使用的时间，王国维《简牍检署考》中认为，应与甲骨、金石不分先后。目前考古发现年代最早的简，是湖北随州曾侯乙墓出土的战国时期竹简。

竹木简牍由于取材容易、制作方便，与陶器、甲骨、青铜器、石头相比，使用的时间更长、应用更广、影响更大，是纸张大量生产和使用之前最主要的文字载体。而且,刻有文字的陶器、甲骨、青铜器、石头等,还不能称为书籍,在我国,真正意义上的书籍应是竹木简牍。

竹木简牍对后世的书籍影响深远,如从上至下、从右至左的书写形式,如天头、地脚等版面布局,如卷、册、杀青、书札等行业术语,均与竹木简牍相关。

(六)缣帛

中国是最早利用蚕丝织造丝绸的国家,丝绸根据生产工艺可分为许多种,其中可用作书写材料的有:素、绢、纨、缯、缣等,缣帛是指作为书写材料的丝织品的通称(见图2-5)。

图2-5 帛书

帛书,指书写在缣帛上的文字,也称素书,或缯书、缣书。

从文献记载看,春秋时期已经出现帛书。目前考古发现最早的帛书,是长沙子弹库出土的战国中晚期的楚缯书。

缣帛质地轻软,幅面较大,表面洁白,书写、收藏、携带、阅读都十分方便,但由于织造数量有限,价格昂贵,难以得到广泛使用。

(七)纸

植物纤维纸的发明是中国对世界文明发展做出的最伟大的贡献之一,也是图书出版史上具有划时代意义的技术进步。4世纪,东晋桓玄称帝后,下令:"古无纸故用简,非主于敬也,今诸用简者,皆以黄纸代之。"从此以后,价廉物美的纸正式取代了竹木简牍,成为中国图书出版的最主要载体,一直沿用至今。

植物纤维纸发明的时间,从目前考古发现来看,当在西汉时期。我国从20世纪30年代起,先后八次在新疆、甘肃、陕西等西北地区出土了西汉时期的植物纤维纸。从我国古代文献记载中发现,西汉及东汉前期,也多次出现了有关纸的使用记录。这表明早在西汉时期,可用于书写的植物纤维纸已经发明并生产,并且得到了应用。

《后汉书·蔡伦传》中,明确记载了当时担任宫廷尚方令的东汉宦官蔡伦造纸的原因、材料及时间,说明蔡伦在总结前人造纸的经验基础上,进一步改进了造纸的生产工艺,扩大了造纸所需的原料来源,对于造纸技术的发展和推广起到了巨大的作用,他的贡献值得充分肯定。

造纸术发明以后,图书出版一改竹木简牍沉重不便、复制不易、流通困难的局面,进入了一个快速发展的新阶段,对中国的教育普及、文化发展和文明进步起到了巨大的推动作用。

造纸术发明后不久,就在世界各地传播开来,被世界各国人民所接受。3世纪左右,造纸术首先传入越南;4世纪,造纸术向东传入朝鲜,向西沿丝绸之路传入中亚;5世纪,造纸术经朝鲜传入日本;7世纪,造纸术传入印度;8世纪,阿拉伯人利用中国的造纸技术开设了造纸厂,并向欧洲出口纸;12世纪,阿拉伯人在西班牙开设了欧洲第一家造纸厂;16世纪,墨西哥开设了美洲第一家造纸厂;19世纪,澳洲的墨尔本才开设了澳洲第一家造纸厂。历经1 000多年,中国发明的造纸术传遍了全世界,为人类文明发展做出了杰出贡献。

二、印刷术的发明与发展

印刷术是中国继造纸术之后的又一伟大发明,是中国对世界文明发展的又一伟大贡献。

图书需要在写作、编辑之后,通过复制、传播,才能实现出版。在印刷术发明之前,图书的复制主要靠抄写来完成。

中国古代关于抄书的记载很多,汉代出现了职业抄书人——佣生。魏晋南北朝时期称抄书人为经生,唐代称为抄书人。各个朝代政府历来对图书的复制非常重视,汉武帝时专门设置了抄书机构——写书之官;隋炀帝时,曾召集天下工于书法的书手将宫廷藏书各抄了50本副本,这是历史上首次由政府组织的大规模的抄书活动。唐代政府也组织过多次大规模的抄书活动。即使在印刷术发明并大规模使用之后,手工抄书的地位大幅下降,却并没有退出历史舞台,在一定范围内,依然是图书的重要复制方式。典型的如明代《永乐大典》、清代《四库全书》等,规模庞大,卷帙浩繁,完全靠人力抄写了有限的副本。

印刷术发明以后,由于其复制的效率远远超过了人工抄书,因而很快成为图书复制的主要方式。中国印刷术的发明与发展经历了雕版印刷、活字印刷、套版印刷等过程。

（一）雕版印刷

雕版印刷,也称整版印刷,是用梨木或枣木先制成完整的一块木板,用写好的纸样稿覆贴在木板上,然后由刻工根据纸样雕刻成反向的图文版,作为印刷用的底版。印刷时,在版上用棕刷涂上水墨,将纸覆在版上,再用棕刷在纸背上刷过,揭下来的纸就是印刷品。如此一版一张,循环操作,便可在短时间内复制出大量的副本。

雕版印刷的产生时间说法各异。从文献记载看,可以判定这一技术诞生在唐代。从考古发现看,在敦煌发现的《金刚经》,因为其卷末刻有"咸通九年四月十五日王玠为二亲敬造普施"字样,咸通九年即868年,而成为世界上现存最早的刻印有确切日期的雕版印刷品。1966年,韩国庆州佛国寺释迦塔内发现了汉字印刷品《无垢净光大陀罗尼经》,学者根据此经翻译成汉文的时间,及经卷上使用的4个"制"字,推断应是8世纪初唐代武则天时期的印刷品。如果此推断成立,《无垢净光大陀罗尼经》将可能成为世界上现存最早的雕版印刷品。

雕版印刷的发明者不可考,应是产生于民间。在唐代雕版印刷品上有名可考的刻家有:成都府樊赏家、龙池坊卞家、西川过家、京中李家等。从现在发现的唐代雕版印刷品的内容来看,主要是佛经和历书。

雕版印刷术在唐以后的五代出现了重大突破,由于后唐宰相冯道奏请采用雕版印刷术来刻印儒家经典《九经》,从而使这一诞生于民间的技术首次登堂入室,其技术优势为更多的人所认识和采用。宋代以后,由于政府的高度重视,雕版印刷术成为图书复制生产的最主要方式。伴随着这一技术的普遍使用,图书出版也迎来了一个鼎盛时期,并对以后各个朝代的图书出版产生深远影响。雕版印刷术的主流地位一直到19世纪初西方铅活字印刷术传入之后,才发生变化。

（二）活字印刷

活字印刷,是指预先制成一个一个反向的单字,印刷时,根据稿件内容,将所需的单个活字一一拣出,排列成版,再在版上涂上水墨,覆上纸,用棕刷在纸背上刷过,从而获得需要的印刷品。

中国古代制作活字的材料有泥、木、铜、锡、铅、陶瓷等。

世界上最早的活字印刷术由毕昇发明,时间是宋仁宗庆历年间(1041—1048年),毕昇发明的活字是胶泥活字。北宋沈括《梦溪笔谈》里详细记载了毕昇胶泥活字的制作方法,及用活字来印刷图书的工艺流程。

后世采用泥活字印刷的不乏其人。南宋周必大用泥活字刊印了他自己写的

《玉堂杂记》;元代忽必烈的谋士姚枢,教学生杨古采用"沈氏活版"方法印制了《近思录》《东莱经史说》等书;清代李瑶和翟金生均曾自制泥活字来印刷图书,翟金生还将用泥活字印书的方法、经验写成《泥版试印初编》传世。

木活字的集中应用,从现有发现看,当推元代王祯。大德二年,他采用木活字印制了自己写的《旌德县志》,并将用木活字印书的经验写成《造活字印书法》一书,成为我国印刷史上最早系统阐述木活字印刷的珍贵文献。

明清两代,采用木活字印书已较为多见。清乾隆年间《武英殿聚珍版丛书》134种是清代规模最大的一次木活字印书,主办人金简还专门为此写就《钦定武英殿聚珍版程式》,详细记载了此次木活字印书的过程。

相对而言,铜活字的使用次数较多,用铜活字印刷的图书数量也较多。明代在无锡、常州、苏州一带,使用铜活字曾风行一时,无锡华氏印制的《宋诸臣奏议》,是我国现存最早的一部铜活字印本。无锡华氏采用铜活字印制的图书数量较多,比较有代表性的有《渭南文集》《剑南诗稿》《蔡中郎集》《白氏长庆集》等。无锡安氏用铜活字印制的图书可考者有 10 种,比较著名的有《正德东光县志》《颜鲁公文集》等。清雍正年间,使用铜活字排印了《古今图书集成》,全书 1 万卷,印制了 65 部,每部 5 200 册,这是我国用铜活字排印的字数最多的一部书。

使用锡活字印书,在元代王祯《造活字印书法》中有记载,说明元代已有锡活字的使用,但具体情况不详。清道光年间,广东佛山镇一唐姓书商,出资铸造锡活字。咸丰元年,使用这批锡活字印成了马端临的《文献通考》348 卷。

铅活字的使用,在明代陆深《金台纪闻》、清代魏崧《壹是纪始》中均有记载,但成书情况不详。

陶瓷版,是指用泥活字先拼成版,上釉后烧制,便成为陶瓷版。清康熙年间,山东泰安人徐志定使用陶瓷版印制了《周易说略》《蒿庵闲话》两本书,并自称"泰山瓷板"。

虽然活字印刷术由中国人率先发明使用,在各种材质上均有探索实践,但活字印刷术始终未能取得如雕版印刷术那样的主流地位。清末出版的《增订四库简明目录校注》共收录历代不同版本书籍 2 万部,其中活字印本只有 220 部,占总数的 1% 多一点。造成这一局面的原因很多,其中比较重要的原因在于,自隋唐以来开始实行的以儒家经典"四书五经"为考试内容的科举制度,图书内容不变,品种不多,活字印刷的优势反不如雕版印刷来得明显。

(三)套版印刷

套版印刷,是将需要印上不同颜色的部分,分别刻成同样大小规格的版,逐次印在同一张纸上。这种技术称为套版印刷术,也称为套版,或套印,用这种方法印出来的书称为套印本。

套版印刷由涂版印刷发展而来。涂版印刷,是指在同一块版上的不同部位,分别涂上不同颜色,一次印刷而成。这种方法又称套色。

套版印刷早期,多用朱、黑两种颜色印刷,印出来的书称作朱墨本,或叫双印。后来发展到用多种颜色来印刷,根据所用颜色的多少,称为四色本、五色本等。

套版印刷术的发明,使印刷进入了彩色印刷时代,是我国在世界出版印刷史上又一项重大贡献。

套版印刷发明的时间,据现有的考古发现推断,当在宋、辽、金时期。1974 年,在山西应县佛宫寺释迦塔内发现 3 幅彩印的《南无释迦牟尼佛像》,其印刷时间在辽统和年间(983—1012 年)这可能是目前发现的最早的彩色印刷品。

套版印刷术在明代得到了广泛运用,明万历年间,吴兴(今浙江湖州)以闵齐伋为代表的闵氏和以凌濛初为代表的凌氏是当时著名的套印刻书世家,两家共刻印了套版书籍 117 部,共计 145 种,其中三色套印本 13 种,四色套印本 4 种,五色套印本 1 种。

套版印刷术在清代继续得到发展,《中国版刻综录》中记载清代套印出版者有40 多家。清道光年间,涿州卢坤印《杜工部集》,使用了紫、蓝、朱、绿、黄、黑共 6 种颜色,成为中国古代印刷史上用色最多的套印书籍。

在套版印刷术盛行的同时,版画艺术也在徽州、南京、建阳等地兴起。明代出版的与市民生活相关的戏曲小说风行一时,这些书中大多都有木刻插图。将套版印刷和版画艺术结合起来,就是彩色版画套印术。这一技术,使我国古代的雕版印刷术发展到了高峰。

彩色版画套印术后来发展出更复杂的饾版技术和拱花技术。

饾版,是将彩色画稿按不同颜色分别勾摹下来,每色刻成一块小木版,然后逐色依次套印或叠印,最后形成一幅完整的彩色图画。用饾版技术印出来的画,其颜色的浓淡深浅,阴阳向背,与原作相比非常逼真。饾版,因为外形与当时的一种五色小饼饾饤相似,而因此得名。

拱花,是用凹凸两版互相嵌合,使纸面拱起,从而产生立体效果。拱花技术产生的效果与现代钢印的效果非常相似,适用于印制鸟类的羽毛和山水。

采用饾版和拱花技术印刷的书籍,明代有颜继祖编印的《萝轩变古笺谱》、胡正言编印的《十竹斋画谱》《十竹斋笺谱》等;清代有《芥子园画谱》等。

三、图书生产

我国古代图书的生产出版,在雕版印刷术发明之前,主要以抄写作为出版的方式。图书的出版,必须满足三个条件:首先是有文字记载的内容;其次是有一定形式的载体;最后必须是公之于众,进行传播。从图书出版的含义来看,陶文、甲骨文、青铜器铭文属于档案的性质,还谈不上是出版的行为。春秋战国时期,诸子百家以竹木简牍为载体的著作,当时已进行传抄,并以单篇形式流传,应属于出版行为。纸发明之后,以纸为载体的抄写复制,成为一种职业,是当时图书出版的最主要方式,并一直持续到唐代。雕版印刷术发明之后,经过唐代短暂的民间探索,五代以后,便形成我国古代图书出版的完整系统。

我国古代的图书出版规模庞大,刻书业非常发达,主要有官刻、私刻、坊刻、寺院刻书和书院刻书。

(一)官刻

官刻,也称政府刻书,是指由国家机构出资或主持的图书刻印出版活动,可分为中央和地方两大系统。

官刻肇始于五代,由于后唐宰相冯道奏请刻印《九经》,发明于民间的雕版印刷术才被官府接受采用,因此冯道刻印的《九经》是我国最早的官刻本。《九经》的校刻,是在国子监完成的,历史上称为五代监本,或旧监本。

中央官刻,两宋主要由国子监承担,所刻内容范围广,数量多,质量高;元代秘书监的兴文署所刻图书质量较高;明代司礼监的经厂刻书数量较多;清代武英殿刻书在康熙、雍正、乾隆三朝曾兴盛一时。

地方官刻,由于参与刻书的各级地方政府机构数量庞大,所刻图书名目繁多,良莠不齐,其中较有特色、质量也较高的,宋代有公使库本,明代有各地藩王刻本,清代有官书局刻本。

(二)私刻

私刻,也称家刻,是指私人出资校刻图书的出版活动。由于刻书者大多是士人学者,他们重视自己的名望,往往亲力亲为,所刻图书质量较高。

私刻发端于五代,较著名的私刻家有任知玄、毋昭裔等。两宋私刻相当普遍,较著名的有孟琪所刻《唐文粹》,陆子遹所刻《渭南文集》,廖莹中所刻《五经》《昌黎先生集》,周必大所刻《欧阳文忠公集》,黄善夫家塾本《史记集解》等。元代私刻中,岳氏荆谿家塾本《春秋经传集解》,丁思敬所刻《元丰类稿》等十分有名。明清时期,私刻兴盛一时。明代较著名的有游明所刻《资治通鉴》,顾春世德堂所刻《六子全书》,毛晋所刻《十三经注疏》《十七史》等。清代较著名的有鲍廷博所刻《知不足斋丛书》,黄丕烈所刻《士礼居丛书》,卢文弨所刻《抱经堂丛书》等。

(三)坊刻

坊刻,是指书坊刻书的出版活动。书坊,是古代卖书兼刻书的店铺,是具有商业性质的私人出版单位。书坊所刻图书,称为坊刻本,或书坊本,或书棚本。

雕版印刷术最先就是为民间书坊所采用,官刻和私刻都是在坊刻的基础上发展而来。坊刻在刻书业中开始得最早,地域分布最广,印刷数量最多,影响也最大。

历代较为著名的书坊有:两宋建阳余仁仲的万卷堂、临安陈起的陈氏书籍铺等;元代建阳余氏的勤有堂、虞平斋的务本堂等;明代建阳郑氏的崇文堂、刘氏的日新堂、余象斗的双峰堂等;清代席氏的扫叶山房等。

书坊刻书以市场需求为导向,善于创新技术,所刻图书往往受到社会大众欢迎,因而在印刷技术发展与文化传播普及方面做出重要贡献,影响深远。

(四)寺院刻书

宗教信徒因为传经布道的需要,积极从事于教义的出版。从现存最早的印刷品看,都是宗教内容。在我国古代,寺院是重要的刻书出版机构,佛教、道教典籍的刻印,也是重要的出书门类。

北宋初年刻印《开宝藏》后,历代均有寺院刻印佛教大藏经。大藏经卷帙浩繁,通常在 5 000 卷以上,需刻版片高达 10 万多块,需要上千人耗时数十年乃至上百年才能完成。大藏经的不断刊刻,对印刷技术的发展和传播曾起到巨大的推动作用。

佛教、道教、近代基督教《圣经》等宗教典籍的出版,是重要的出版门类,客观上也推动印刷技术不断向前发展。

(五)书院刻书

书院,是我国自唐宋以来特有的一种教育基地,对古代教育的发展和学术的繁荣曾起到重要作用。曹松叶《宋元明清书院概况》统计,仅宋代就有书院 203 所。在设坛讲学、著书立说、学术研究的同时,书院也经常刊刻出版图书。

书院刻书的内容主要是学术性著作,以供书院师生自己使用。由于内容层次较高,刊刻校对又较细致,书院刻书的质量总体较高。比较著名的有《朱文公文集》《豫章罗先生文集》等。

第二节　外国出版的起源与发展

一、书籍的起源与载体的演变

外国出版的起源要追溯到古人类文明的诞生地,在非洲尼罗河流域的古埃及文明,在西亚幼发拉底河和底格里斯河两河流域的古巴比伦文明,在南亚恒河流域的古印度文明,这些早期人类文明都发明了自己的文字:象形字、楔形字和梵文,并拥有与之相对应的载体。随着图书出版的发展,书籍载体也经历了一个变化发展的过程,按出现的时间顺序看,图书载体先后有:泥版、纸草纸、蜡版、羊皮、贝叶、纸等。

(一)泥版

泥版,是指用黏土制成规格相同、重约 1 千克的软泥版。泥版书,是在泥版未干时,用木制笔在上面刻画文字,晒干后放入火中烘烤而成的书。泥版书被认为是世界上最早的图书(见图 2-6)。

图 2-6　泥版书

公元前 40 世纪末至公元前 30 世纪初,西亚两河流域的苏美尔人发明了楔形文字,并把这些文字记录在泥版上。一部泥版书一般由若干块泥版组成,依次放在容器里,以备查阅。

19 世纪以来,考古出土了大量的泥版书,总数有 50 多万块,内容丰富,主要为数学、法律等著作。据考证,泥版书使用的时间长达 4 000 多年。

《吉尔伽美史诗》是泥版书的代表作,成书于约公元前 2000 年,也是世界上最早用文字记载下来的长篇史诗。

(二)纸草纸

纸莎草,是产于尼罗河三角洲的一种莎草科植物。古埃及人把纸莎草的茎皮撕去,将茎髓剖成一条条的薄片,排齐压平后制成了纸草纸。用纸草纸写成的书称作纸草书。

古埃及人把纸草纸一张张粘连在一起,卷在木杆上,形成纸草书卷。根据内容的长短,纸草书最长的达 100 多米。

纸草书产生于公元前 30 世纪的古埃及,公元前 8 世纪前后,纸草书的制作方法,经由中东的巴比伦传入古希腊和古罗马。约公元 4 世纪,纸草书才为羊皮书所取代,使用的时间长达 3 000 多年。

《亡灵书》是纸草书的代表作,成书于约公元前 2000 年,内容主要是祷文、颂歌和咒语等。

(三)蜡版

蜡版,是指在薄木板表面的中间部分挖出长方形的凹槽,把融化的蜡注入其中,即成蜡版。蜡版书,是指在蜡版上的蜡未完全硬化前,在上面刻写文字,然后把刻写好的蜡版打孔穿绳,即成蜡版书。

公元前 8 世纪,西亚两河流域的亚述人创制了蜡版书,这一载体后来传入古希腊和古罗马。到 1 世纪,才逐渐退出历史舞台。

(四)羊皮纸

羊皮纸,是指用绵羊、山羊、羚羊、羊羔、小牛或其他动物的皮精制而成的文字载体材料。羊皮书,是指以羊皮纸为载体的出版物。

公元前 8 世纪前后,中东地区的帕加马人发明了羊皮纸。公元 4 世纪,羊皮纸取代了纸草纸,在欧洲大部分地区广泛使用。15 世纪中期,羊皮纸被纸所取代,使用的时间达 2 300 多年。

《波斯古经》是目前已知的较早的羊皮书,用波斯方言写成,全书约 35 万字,成书时间在公元前 6 世纪至公元前 4 世纪。

（五）贝叶

贝叶，印度贝多树的叶子。7世纪起，古印度人用铁笔在贝多树叶上写佛经，然后将写好的贝叶穿孔，用细绳连接，并前后加板保存，称为贝叶经。

（六）纸

中国发明的纸，从2世纪开始，向世界各地广泛传播。3世纪传入越南、朝鲜；5世纪传入日本；7世纪传入印度；8世纪传入中东，阿拉伯人在撒马尔罕建成第一家造纸厂；10世纪传入非洲的埃及和摩洛哥；12世纪传入欧洲的西班牙，得到广泛应用，并最终取代羊皮纸，成为图书出版的最主要载体。

二、印刷机械化的实现与发展

外国图书的复制出版经历了手工抄写、手工印刷、机械印刷、电子技术运用等阶段。

手工抄写进行图书复制，其历史非常悠久。考古发现，约公元前3200年，苏美尔人已对泥版书进行了抄写复制，当时的文献记载，存在职业的书吏，专门从事记录和抄写工作。公元前7世纪，亚述国王创办图书馆，并设置抄写手，专门抄写复制图书。古希腊、古罗马时期，图书的抄写复制更为普及，兴盛一时。公元前65年，古罗马出现了第一家抄写出版社，培训大批有文化的奴隶担任抄写员和校对员，抄写出版了西塞罗的演说书信集和柏拉图的著作集等。

在机械印刷发明之前，外国图书出版还经历了一个手工印刷阶段。8世纪，中国的雕版印刷术传入朝鲜、日本。770年，日本出现刻印的佛经，朝鲜也出现了印本书。9—14世纪，埃及出现印刷的《古兰经》。10世纪后，雕版印刷术传入中东和欧洲。14世纪末，欧洲出现大量的雕版印刷的经典和课本。

1455年，德国人约翰内斯·谷登堡用他发明的铅活字凸版印刷机印刷出版了《圣经》，标志着人类的图书复制从此进入了机械化生产阶段。

谷登堡发明的是一整套印刷工艺：木制转轮式印刷机、铸字盒、冲压字模、铸活字的合金、油脂性印刷油墨和印刷纸等。1464年，德国在科隆建立了世界上第一家机械印刷厂，不久，它就发展成为德国西北部的印刷中心。

1464年，机械活字印刷术传到意大利，1470年传到法国，1476年传到英国，1489年传入葡萄牙……仅仅50年左右的时间，机械活字印刷术就传遍了欧洲，在欧洲200多个城市中，建立了大大小小1 100家印刷厂。机械活字印刷术促进了欧洲的宗教改革和文艺复兴，也促进了民族语言和文学发展，鼓励了民族主义和新型民族国家的建立。

1539 年,机械活字印刷术传入美洲,1590 年传入日本,1727 年传入阿拉伯地区,1815 年由新加坡传入东南亚……由于机械活字印刷术在世界各地的迅速传播和使用,有力地推动了图书出版业的快速发展。

近代,电子技术普遍运用于出版领域。20 世纪 50 年代,美国研制出电子分色机,德国发明了电子雕刻机。70 年代末,英国发明了激光照排机。伴随着电子技术的广泛使用,图书的印刷出版进入了一个崭新的阶段。

三、图书生产

世界图书的生产出版,经历了手抄出版、印刷出版,以及现代电子出版和网络出版等阶段。

手抄出版历史悠久,从约公元前 3200 年苏美尔人对泥版书进行抄写复制开始,到 15 世纪中叶机械印刷大规模使用为止,以手抄为主要方式的出版活动持续了 4 700 多年。

公元前 5 世纪,古希腊进入兴盛时期,文化繁荣,抄写出版图书非常普遍,一些著名学者如柏拉图、亚里士多德等建立了私人图书馆。有文献记载,托米勒王朝时期设立的亚历山大图书馆,收藏的图书有几十万卷,并将馆藏图书抄写复制,用来出售。公元前 65 年,古罗马学者阿蒂库斯创办了第一家抄写本出版社,还在罗马等地开设了销售机构。

5 世纪,西罗马帝国灭亡,欧洲进入了罗马基督教会一统天下的中世纪。这一时期,抄写宗教书籍成为教会的日常工作。13 世纪,随着城市的兴起,欧洲出现了第一批大学。教会因为出版《圣经》的需要,允许在大学的监督下恢复民间出版,因此,在大学的周围出现了定点书坊,专门出版销售图书。

14—16 世纪,欧洲文艺复兴运动极大地推动了欧洲出版业的发展,一大批科学书籍和宗教书籍被印刷出版。16 世纪,意大利威尼斯已有了 150 多家出版社,成为欧洲的出版中心之一。

1455 年,德国人约翰内斯·谷登堡发明了铅活字凸版机械印刷机,在出版史上具有划时代的意义。由于谷登堡的发明在欧洲传播得非常快,短短 50 年左右的时间,机械活字印刷术就已在欧洲遍地开花,使图书出版迅速告别了手抄时代,进入了机械化大生产阶段。从此,图书出版在数量上和质量上,均出现了质的飞跃。

18 世纪中叶,以蒸汽机的发明为标志的英国工业革命,也推动着印刷技术快速发展。1845 年,德国生产了第一台快速印刷机;1860 年,美国生产了第一台轮转印刷机;之后,德国又生产了滚筒印刷机、双色快速印刷机、六色轮转机等先进的印刷机械。印刷技术的迅速发展,在推动出版业快速发展的同时,也导致了传统编印发合一的图书出版模式发生巨变,造纸、印刷逐渐从出版业中分离出来,成为新兴独立的行业。

20世纪50年代以后,计算机技术开始普及,出版业也进入了现代电子网络出版的新阶段。数字化出版意味着传统的以纸介质为主要载体的图书出版面临着新的转折。

四、图书贸易

外国图书贸易流通的开始,从文献记载和考古发现看,可以上溯到古希腊时期。公元前5世纪,古希腊的雅典已经出现了书肆,出现了图书的买卖。哲学家柏拉图曾高价购买当时著名的哲学家菲洛劳斯写的三种短篇论著。古罗马时期,为了出售抄写的图书,还设立专门的销售机构。13世纪后,欧洲出现第一批大学,在大学周围设立的定点书坊,成为图书销售的固定场所。随着城市的兴起和市民阶层的形成,图书出版流通的步伐也在加快。15世纪中叶开始,法国、英国、德国等欧洲国家先后建立了国家邮政服务系统,这促进了出版贸易流通的发展。16世纪开始,德国出版商为了拓展贸易市场,率先利用宗教节日在德国及欧洲其他国家举办大型图书交易会,如春季的复活节书市、秋季的米迦勒节书市等,其中,尤以法兰克福和莱比锡两地的书市最为著名。

印刷机械化的大规模使用,不仅使造纸、印刷从出版业中分离出来,也使图书出版发行体系发生重大变化,图书出版人员分化成出版商、书商、批发商三种类型。19世纪中期起,美国、德国首先出现了专业从事流通环节的中间商——图书批发商。中间商的出现,大大方便了出版商和读者之间的联系,也使图书的流通贸易环节更趋完善,规模更趋庞大,分工更加明确。第二次世界大战结束后,出现了世界性的出版集团,如贝塔斯曼、汤姆森集团、培生教育集团等,图书的贸易流通进入了一个全球化的时代。

小　结

中国图书出版的起源可以上溯到先秦时期。文字产生以后,作为文字承载介质的载体主要有陶器、甲骨、青铜器、石头、竹木简牍、缣帛、纸等。中国是最早发明造纸术和印刷术的国家,中国的印刷术经历了雕版印刷、活字印刷、套版印刷等发展过程。中国古代图书出版规模庞大,以雕版印刷术为主要出版方式,主要有五大出书系统:官刻、私刻、坊刻、寺院刻书和书院刻书。而图书的流通以民间书坊为主体,并逐渐形成零售与批发分工的格局。

外国出版的起源可以追溯到古人类文明的诞生地,古埃及、古巴比伦、古印度这些早期人类文明发明了自己的文字,并拥有与之相对应的载体。这些载体主要有:泥版、纸草、蜡版、羊皮、贝叶、纸等。1455 年,德国人约翰内斯·谷登堡发明的铅活字凸版印刷机,不仅使图书出版进入了机械化生产阶段,也推动了世界文明的快速发展。外国图书的生产出版,经历了手抄出版、印刷出版、现代电子网络出版等不同阶段。

思考与练习

1. 中国古代的图书载体主要有哪些?各有什么特点?
2. 中国的造纸术发明于何时?又是以怎样的路径传播的?
3. 简述雕版印刷、活字印刷、套版印刷各自的特点。
4. 中国古代的出书系统有哪些?各有什么特点?
5. 外国图书的载体主要有哪些?各有什么特点?
6. 谷登堡发明的铅活字凸版印刷机是如何传播的?有何意义?
7. 外国图书的出版经历了哪些发展阶段?

第三章

出版过程

学习目标

通过本章的学习,使学生在了解出版的一般过程的基础上,对书刊的编辑工作、书刊印制和出版物发行有一个比较全面的认识,熟悉出版工作中一些常用专业术语,并能初步掌握有关用纸量和发行折扣的计算方法。

知识要点

了解出版的一般过程;掌握编辑工作是出版工作活动的中心环节;掌握编辑工作的专业特点;熟悉编辑过程;熟悉编辑的作者工作和读者工作;熟悉书刊印制的概念、工艺过程及印前制作;掌握书刊印制常用专业用语;掌握出版物发行的概念和构成要素;熟悉出版物发行过程的主要环节和出版物购销形式;掌握出版物发行折扣的相关知识;了解出版物发行员的从业资格和执业资格。

第一节　出版的一般过程

出版过程指的是某一出版物从最初生产到传送到消费者手中的整个过程,由精神产品生产、物质产品生产和产品流通三个基本阶段组成。

一、精神产品生产阶段

出版物的精神生产,包括作者的精神生产劳动和编辑人员的精神生产劳动。作者的精神生产劳动是创作作品,编辑人员的精神生产劳动主要体现在策划选题、组织作者创作作品,对已有作品进行审读、选择和优化等。但是,作者创作作品的活动不属于出版活动,而是出版活动的前提。因此,出版过程中的精神产品生产阶段,主要是编辑工作阶段。

在这一阶段,编辑人员根据社会和消费者的需要,依照一定的原则,策划选题,组织作者创作作品,或是对已有作品进行审读、选择和优化,以使作品符合复制和广泛传播的要求,形成出版物原稿。具体内容包括:信息采集、选题策划、组稿、审稿、编辑加工整理、整体设计、审定发稿等。之后,出版物的生产将进入制作、复制、包装等物质产品生产阶段。

二、物质产品生产阶段

作者创作的作品,经过编辑工作,就形成出版物原稿。依据出版物原稿进行加工、制作、复制,形成出版物成品的过程,就是出版活动的物质产品生产阶段。在这一阶段,作者和编辑人员的精神劳动成果,被物化在一定的物质载体上,形成物质产品形态,以便广泛传播。物质产品生产阶段包括制作样本和批量生产复本两个基本环节。

(一)制作样本

第一,根据出版物原稿,按照设计要求,制作样本。图书、报纸、期刊等纸介质出版物,其出版物原稿经格式转换、排版、校对、改版等一系列过程,形成达到付印质量要求的付印清样;音像制品和电子出版物,则是形成样带或样盘。

第二，形成可以直接用于复制的工作母版。图书、报纸、期刊等纸介质出版物，是根据付印清样的内容，制作成正确无误、可直接用于印刷的印版；音像制品和电子出版物，则是根据样带或样盘的内容，制作成正确无误、可直接用于复制的工作母带或工作母盘等。

(二)批量生产复本

第一，利用母版进行批量复制。图书、报纸、期刊等纸介质出版物，就是利用印版，将原稿上的图文信息复制到纸张上，形成一定数量的具有相同内容印刷品；音像制品和电子出版物，则是将工作母带或母盘上的信号，通过复录设备，将原始信号复制到一定数量的磁带、光盘、磁盘等物质载体上。

第二，将出版物半成品进行组合包装，形成最终的出版物成品。

互联网出版物由于没有固定的物质载体，因此也就不存在独立的物质产品生产阶段。但其出版过程中仍然存在复制过程，即利用计算机等设备进行阅读或下载。当消费者通过计算机等设备阅读、下载互联网出版物时，就同时完成了出版物的复制和交换。

三、产品流通阶段

要完成整个出版活动，出版物成品还必须向公众传播，因此必须经过产品流通阶段。在市场经济条件下，出版物产品流通也就是商品流通，产品流通阶段也就是出版物发行阶段。在这一阶段，出版单位一般是通过商品交换将出版物传送给消费者。商品交换的具体步骤如下：

第一，信息交换。销售方向购货方提供出版物信息，购货方向销售方提供所需的出版物信息。

第二，确定购销关系。销售方和购货方确定销售价格、付款方式、送货方式、购销形式等。

第三，实物交割。销售方按照双方约定的方式和时间将出版物送到购货方。

第四，结算货款。购货方按照双方约定的方式将货款支付给销售方。

第五，收集反馈信息。销售方和购货方获取各自所需信息，为下一次交换活动作准备。

出版物的产品流通，由商流、物流、信息流和资金流等四种不同形式的流通构成，它们各有各的作用，又相互交融统一。

第二节　编辑工作

编辑工作是以生产出版物的精神文化内容为目的,策划、组织、审读、选择和加工作品的专业性精神生产工作。编辑工作在出版活动中居于中心地位,是复制和发行的前提。

一、编辑工作是出版活动的中心环节

出版活动由编辑、复制和发行三个环节组成,其中,编辑工作是出版物复制和发行的前提,没有编辑工作,出版物的复制和发行将无法进行。高质量的编辑工作,不仅能保证出版物排版、校对、制作、复制等物质生产的顺利进行,还能对出版物的发行工作起到促进作用;相反,如果编辑工作存在较多的失误和差错,就会给出版物的复制和发行带来不良影响。

编辑工作是提高出版物质量的关键环节。出版物质量主要包括内容质量、编校质量、设计质量和印制质量四个方面。内容质量除了受作者原创水平制约外,主要取决于编辑的选题策划、组稿、审稿等工作的质量高低;编校质量以差错率为依据,主要包括文字差错、标点符号和其他符号差错、格式差错三类,而编辑加工整理就是消灭差错、弥补疏漏、规范文字,以提高出版物的质量;设计质量主要涉及出版物的整体设计,整体设计是编辑工作的内容之一,可使出版物的外部装帧和内文版式等均符合国家有关技术标准和规定,保证出版物的设计质量。此外,编辑工作的好坏对后续的印前制作也会有一定的影响,从而影响出版物的印制质量。由此可见,编辑工作对贯彻出版工作方针、保证出版物质量具有关键作用。

编辑工作是提高出版效益的基础。编辑工作做得好,不仅能提高出版物的质量,取得良好的社会效益,还能为出版物取得良好的经济效益提供基础。出版物要在市场上卖得好,市场营销和发行工作固然重要,但从根本上来说,其内容是否符合消费者需求,质量是否超过其他同类书,产品设计是否有特色,以及是否拥有吸引消费者的品牌效应等,都会影响出版物的销售量。因此,只有通过编辑工作,才能生产出真正符合市场需求的优秀出版物,为实现社会效益和经济效益打下良好的基础。

出版活动对社会发展的能动作用主要通过编辑工作来实现。社会发展对出版活动具有决定性的作用;反过来,出版活动又通过影响人们的思想、观念和行为对社会发展的方方面面产生影响,这种影响正是通过出版物中承载的精神文化内容来体现。出版物中的精神文化内容是由作者和编辑共同创造的,编辑通过策划、组织、审读、选择、加工等编辑工作,完善、提高、优化作者创作的作品,使之更符合消费者的阅读需求。编辑工作的这种设计、组织、优化功能,对整个社会的文化选择、积累和创新起着积极的推动作用。

二、编辑工作的专业特点

编辑工作是一项社会文化工作,它必然具有文化工作的共性,如政治性、思想性、科学性、创造性等特点。而编辑工作又是一项专业性很强的工作,具有自己的专业特点,其最主要的专业特点包括选择性、加工性和中介性。

(一)选择性

编辑工作是对已有作品进行选择。作者的创作活动是通过接收原始信息,经过复杂的精神创造活动,形成具有独创性的智力成果——作品。编辑工作不同于作者的创作活动,编辑工作是根据消费者的需求、作品本身的价值以及编辑自身对社会文化需求的判断,对已有作品进行选择,选择那些他们认为最有价值的作品向社会传播。

编辑工作同时也是对整个社会精神文化成果进行选择。某一出版物的编辑工作,是选择一个单独的作品,而将所有编辑工作汇集起来,就是在为整个社会选择精神文化成果,在某种程度上,这种选择将影响社会的文化发展方向。而且,编辑选择什么样的作品,也会对作者今后创作什么样的作品产生一定的影响。因此,编辑工作的选择性也是代表整个社会进行文化选择。

编辑工作的选择性主要体现在选题策划、组稿和审稿阶段。编辑通过选题策划设计精神文化成果的内容和形式,通过组稿选择作者进行创作,通过审稿对稿件进行评价和取舍。

(二)加工性

编辑完成对作品的选择后,还要利用编辑的专业技能对作品进行审读、编辑加工、整体设计等一系列追加工作,这些工作同样具有创造性。编辑人员会对作品的内容提出修改建议,请作者修改;会对作品的语言文字仔细推敲、精心润色,弥补作品存在的疏漏和差错;会对作品进行加工整理,使之符合出版物的语言文字规范;

编辑人员还要参与出版物的整体设计,提高出版物的审美价值。这些工作都是围绕着原有作品展开的,具有明显的加工性。

(三)中介性

编辑工作是联系精神生产和物质生产的中介。出版物的生产过程包括精神生产过程和物质生产过程,编辑工作主要是精神生产过程。但是,在编辑工作中,编辑人员要对出版物的定价、篇幅、开本、纸张、外观、版面形式以及印制工艺等进行精心设计。在印前制作时,编辑人员要负责审读校样和付印清样,在出版物印制完成后,编辑人员还要负责样书检查。因此,虽然编辑工作本身是精神生产工作,但它也为出版物物质生产工作提供了必要的保障,使出版物能够从精神生产过程,顺利进入物质生产过程。

编辑工作是联系作者和读者的中介。作者创作作品,往往是想写什么就写什么,有的作者虽然主观上也想根据读者需求来创作作品,但是,读者的年龄不同、爱好兴趣有差异、文化水平有高低,面对如此复杂的读者群体,单个作者很难广泛接触读者,了解不同读者的需求。这时就需要编辑从专业角度,向不同类型的作者提供具有差异化的读者需求,帮助作者创作出切合读者需要的作品。反过来,读者对作者的创作信息也不了解,往往找不到自己想要的出版物。这时候,就需要编辑通过各种有效的渠道和方式找到目标读者,向这些目标读者介绍他们所需出版物的信息。在这一过程中,编辑不能一味迎合读者的需求,还应对读者的阅读需求加以适当引导,将那些具有较高文化价值的优秀出版物推荐给读者。

三、编辑过程

无论何种形式的出版物,都必须经过编辑过程才能形成用于复制的出版物定稿。尽管出版物的物质载体不同,表现形式不同,但其编辑过程都可以分为三个阶段:即产品设计组织阶段,原稿审读加工阶段,产品复制、传播及信息反馈阶段。下面就以图书的编辑过程为例介绍出版物的编辑过程。

(一)产品设计组织阶段

产品设计组织阶段包括信息采集、选题策划和组稿三个环节。

1.信息采集

信息采集是编辑工作的起点。编辑在策划选题前,首先要通过各种渠道了解社会发展信息、科学文化信息、出版业市场信息、作者信息、消费者信息等,把握出版物市场的总体趋势,准确找到市场需求的最佳切入点,物色最适合的作者,设计出内容和形式都深受读者喜爱的出版物。因此,信息采集是选题策划的基础和依据。

2.选题策划

所谓选题,就是对出版物内容和形式的总体设计。选题策划是编辑人员依据一定的方针和原则,分析主观和客观条件,开发出版资源,对出版物内容和形式进行总体设计的活动。选题策划是保证出版物质量,使出版活动能够顺利进行的重要保证。

一次完整的选题策划包括信息梳理、选题设计、选题论证和选题优化四个步骤。

第一,信息梳理。主要是对前期收集、整理的各种信息加以分析、提炼,形成选题的初步构思。

第二,选题设计。整合各种信息,设计选题的内容和形式,并且要分析选题的市场情况,拟订实施方案。完成选题设计后,要撰写选题报告,提交论证。

第三,选题论证。选题一般在编辑室主任批准之后,提交社委会或编委会进行集体论证。选题论证的内容主要包括价值论证、市场论证和可行性论证。通过论证的选题,经总编辑批准,并按规定由总编室报出版行政主管部门批准或备案,便可成为可以实施的出版项目。

第四,选题优化。在选题论证和实施过程,可根据具体情况和市场变化对原先的选题设计进行修订和调整。

3.组稿

组稿是发现、选择、组织作者完成作品创作的活动。编辑人员可以通过个别约稿、社会征稿、群体集稿、网络选稿等方式,发现、选择最适合的作者,向作者介绍选题策划意图,提出写作要求,邀请作者撰写编撰大纲和样稿,以及约定交稿时间、稿酬标准等。双方可通过口头约定或与作者签订约稿合同的方式,确定约稿关系。在这一环节,编辑还要与作者保持密切联系,及时审读作者已撰写稿件,并提出修改意见,保证作品的质量,督促作者按时交稿。

(二)原稿审读加工阶段

原稿审读加工阶段包括审稿、签订出版合同、编辑加工整理、整体设计和审定发稿等五个环节。

1.审稿

审稿是按照出版工作的方针和原则对稿件进行评价、选择和把关,以促进优秀出版物的出版,防止有害或低劣的作品流入社会。

我国出版单位长期以来一直实行"三级审稿责任制度",简称"三审制",即由初审、复审和终审三个审级组成的审稿制度。

经过三级审稿后,才能决定稿件是否采纳,得出审稿结论。审稿结论一般有三种:第一,接受出版,即稿件完全符合出版要求;第二,退修,稿件基本符合出版要求,但存在一些不足,需要把稿件退还给作者进行修改;第三,退稿,稿件不符合出版要求。

2.签订出版合同

经过三级审稿后决定接受出版的稿件,出版单位要按照著作权法的规定及时与作者签订出版合同。

3.编辑加工整理

编辑加工整理通常简称"编辑加工"或"加工整理",是对已经决定接受出版的稿件再次进行审核,并作修改润饰和规范化处理。

编辑加工整理首先要消除稿件中存在的各种差错,既包括政治性、思想性、知识性、科学性等方面的差错,也包括文字、语法、修辞、逻辑、标点符号等方面的差错;其次要对稿件进行润饰提高,比如调整结构、修改标题、润色语句、修饰字词、删改赘文等;第三要对稿件内容进行技术加工整理,即按照相关规定统一用语、统一数字用法、统一计量单位以及添加批注等。除了上述内容,编辑加工整理还包括核对引文、查对资料、校订译文、撰写和加工整理辅文等工作。

4.整体设计

整体设计作为编辑工作的一部分,由编辑、美术编辑和技术编辑共同完成。图书整体设计主要对图书载体的艺术性和工艺性进行设计,整体设计的内容包括外部装帧设计和内文版式设计。其中,外部装帧设计包含图书的形态设计、美术设计和表面整饰设计;内文版式设计包括确定版心大小、选择文字规格,以及设计版面形式、文字排式、图表编排等。

5.审定发稿

完成对稿件的编辑加工整理后,编辑要进行复查稿件、清稿誊抄、检点稿件、编排次序等稿件整理工作,使稿件达到"齐、清、定"的发稿要求,并填写各种必备的格式文件提交复审和终审审定;稿件经复审、终审审定,以及作者复核、认可后,便可发往有关部门安排印制等工作。

(三)产品复制、传播及信息反馈阶段

产品复制、传播及信息反馈阶段包括校样处理、样书检查、宣传营销和信息反馈四个环节。

1. 校样处理

校样排出后,编辑人员处理校样的工作主要包括审读校样、处理作者在校样上的修改、处理校对人员提出的质疑和检查付印清样等。

2. 样书检查

根据《图书质量保障体系》的规定,印装厂在每种书封面和内文印刷完毕、未成批装订前,必须先装订10本样书,送出版单位查验。查验合格的样书,由出版单位负责印制部门退印装厂,开始成批装订。

3. 宣传营销

宣传营销就是利用各种传播资源向消费者传递出版物信息,以引导、刺激潜在的消费群体,使他们产生购买欲望,从而促进出版物的销售,以取得较好的社会效益和经济效益。宣传营销的主要内容包括媒体动员、卖场动员和读者动员。宣传营销活动的策划一般分三个阶段,即市场预热阶段、图书上市阶段和持续营销阶段。

4. 信息反馈

出版物上市后,编辑人员还要通过读者反馈、销售监控、书刊评论、网络论坛、专业调研等渠道,收集各种相关信息,并加以分析。通过收集、分析反馈信息,编辑人员可以判断出版物是否需要重印、再版,并在重印、再版时改正差错,提高出版物的质量;同时,还有助于编辑策划新的选题。

四、编辑的作者工作和读者工作

出版物的一端是作者,另一端是读者,而编辑正是通过编辑工作成为沟通作者和读者之间关系的桥梁。要做好编辑工作,当然也离不开做好作者工作和读者工作。

(一) 编辑的作者工作

作者创作的作品是出版活动的前提。编辑人员和作者共同创造了出版物的精神文化内容,编辑离不开作者,作者也离不开编辑,编辑与作者之间应该互助合作、相互尊重,共同为读者创造出高质量的出版物,满足读者的精神文化需求。

编辑首先要善于发现作者,比如参加各种学术会议,走访科学文化团体,处理作者投稿,平时阅读、上网等,都是发现作者的有效途径。有了作者线索,编辑还要深入了解作者的专业背景、创作特点、学术水平等,根据不同出版物选择最适合的作者。

编辑不能到要策划选题时,才开始发现作者、选择作者的工作,而是要考虑如何建设作者队伍,与优秀的作者保持长期合作关系,才能从根本上保证出版物的质量。这就需要建立作者队伍数据库,把平时获取的作者信息输入数据库,并经常进行整理、更新,使作者资源不断丰富、优化。这样,在选题策划和组稿时,就可以找到最佳作者人选。

在某一出版物的具体编辑过程中,编辑人员要和作者保持密切的联系,比如向作者介绍选题策划方案,请作者撰写编撰大纲和样稿,跟踪作者创作进度,在作者遇到创作瓶颈时能激发作者的创作灵感,为作者提供参考资料,帮助作者解决创作中遇到的困难,等等;在没有具体组稿任务时,编辑人员也要与基本作者保持经常联系,比如节日致电问候,关注作者的创作动态,赠送出版社样书,等等。经常和作者保持联系,不仅可以增进编辑和作者的情感交流,在交往过程中,往往还会碰撞出新的选题灵感。

在出版物的出版过程中,作者一般要和出版单位签订出版合同。编辑一方面要代表出版单位与作者签订出版合同,另一方面又要协助作者维护权益。作者是作品的创作者,对其创作的作品依法享有著作权,著作权包括人身权与财产权。比如,编辑要尊重作者的署名权;在编辑稿件时要尊重作者的修改权,不能把自己的观点强加给作者;在出版物出版后,要按国家有关规定或合同约定,及时支付稿酬,赠送样书、样刊;等等。

(二)编辑的读者工作

出版物最终要传送到读者手中,只有读者购买并阅读了出版物,才能实现出版物的价值和使用价值。做好读者工作为编辑工作提供了基本保证。

编辑工作的起点是信息采集,而收集读者信息是信息采集的重要内容。编辑人员要经常进行读者调查,掌握读者的基本情况,了解读者结构、读者类型、读者层次及社会分布等。在策划具体选题时,编辑首先要确定读者对象,然后要研究分析特定读者对象的阅读需求、阅读心理、购买能力、文化水平等,只有充分了解读者需要,才能编辑出真正受读者喜爱的出版物。

为读者服务不仅是编辑工作的重要内容,也是编辑工作的最终目标。为读者服务主要体现在以下四个方面。第一,读者是出版物的消费者,为读者提供优秀的出版物,满足读者的精神需求;第二,帮助读者获得真实、有价值的出版物信息,为读者提供获取出版物的渠道和服务;第三,读者是出版物好坏的鉴定者,只有通过读者的阅读效果才能客观地判断出版物的价值和质量,因此编辑人员应该通过各种渠道,收集、分析读者对出版物的意见和建议;第四,编辑人员要认真处理读者来信,如对读者来信中的批评意见要认真对待,对读者提出的合理要求要尽量满足,对读者提出的问题要尽心解答;即使对读者提出的一些"分外"要求,也应耐心解答,尽力给予帮助。

编辑在为读者服务,适应读者需求的同时,还应引导读者、提高读者的知识文化水平和审美趣味,成为读者的向导。对于少数读者的不正当要求和不健康的趣味,决不能一味地迁就或迎合。

第三节　书刊印制

一、书刊印制的概念

编辑人员完成审定发稿后,达到"齐、清、定"发稿要求的稿件便被发往印制部门。印制部门根据定稿稿件制作生产图书或期刊的过程,就是书刊印制。

书刊印制通常包括三个阶段:一是印前阶段,即将定稿稿件制作成印版(或相应的电子文件);二是印刷阶段,即将印版(或电子文件)上的图文信息复制到纸张上;三是印后加工阶段,也就是"装订阶段",是将印有图文的书页加工成册,制成图书或期刊成品。

二、书刊印制的工艺过程

随着计算机技术和数字印刷技术的发展,在书刊印制过程中,除了采用传统的书刊印制工艺,越来越多的印刷企业开始用数字打样和数字印刷代替原有的传统打样和传统印刷。

(一)传统的书刊印制工艺过程

目前,大多数书刊的印制还是采用传统的印制工艺。传统的印制工艺过程如图 3-1 所示:

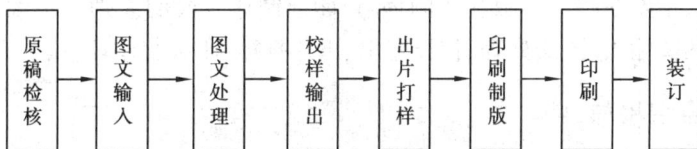

原稿检核 → 图文输入 → 图文处理 → 校样输出 → 出片打样 → 印刷制版 → 印刷 → 装订

图 3-1　传统的书刊印制工艺过程

(二)数字制版的书刊印制工艺过程

数字制版,又称计算机直接制版,英文简写 CTP(Computer-to-Plate)。数字制版就是将计算机中经过规范处理的图文信息直接输出到印版板材上。与传统的印版制作不同,数字制版不需要先输出分色胶片再制作印版。

在数字制版前,需要采用数字打样输出样张,以检查印前处理是否符合整体设计和规范要求,并为后续批量印刷提供质量检验的标准。数字打样就是用数字打样机将计算机中的图文信息直接输出彩色样张,代替了传统的输出胶片、制作打样版、晒版、模拟打样等冗长的打样工序。数字制版的印制工艺过程如图 3-2 所示:

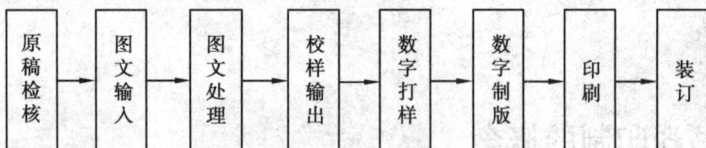

原稿检核 → 图文输入 → 图文处理 → 校样输出 → 数字打样 → 数字制版 → 印刷 → 装订

图 3-2　数字制版的印制工艺过程

(三)数字印刷的书刊印制工艺过程

数字印刷是将计算机中的图文信息通过数字印刷机直接记录在纸张上。数字印刷不再需要传统印刷的胶片和印版,只要将图文信息通过计算机或网络传递到数字印刷设备,就可实现直接印刷。数字印刷的最大特点是,可以按照客户的需要,一张起印,实现按需印刷。数字印刷的工艺过程如图 3-3 所示:

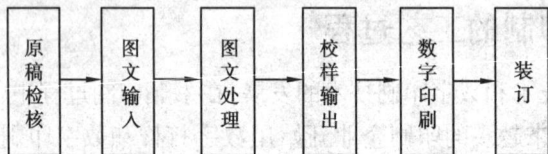

原稿检核 → 图文输入 → 图文处理 → 校样输出 → 数字印刷 → 装订

图 3-3　数字印刷的工艺过程

三、书刊印前制作

在书刊的印制过程中,传统的印制工艺过程与数字制版、数字印刷的印制工艺过程的区别,主要在制作印版和印刷环节,印前制作阶段的差别并不大,一般包括原稿检核、图文输入、图文处理、校样输出、出片打样、印版制作环节。

(一)原稿检核

审定发稿的稿件送达印制部门后,技术编辑首先要全面检核稿件的数量、规格、质量等,如有不符合印制要求的,应将稿件退交责任编辑处理。

技术编辑除了要检核稿件是否齐全外,还要分别检核文字稿和图稿是否符合要求。

1.文字稿检核要求

文字稿检核的要求一般包括:稿面清晰、修改勾画明晰、专用符号使用规范、标题层次清楚,以及图表的位置和图注文字标示明确。

2.图稿检核要求

图稿检核包括检核图稿的印刷适性和表观质量。印刷适性检核包括检核图稿的密度范围、阶调状况、颜色偏色状况、清晰度等,如果有不符合要求的,应进行专门的技术处理或更换图稿;表观质量检核主要是设法消除图稿上可能存在的瑕疵,如清除细小附着物、弱化擦痕和皱纹、处理指印等。

(二)图文的输入

图文输入就是将稿件的图文信息以数字代码的形式输入计算机。稿件的图文信息一般包括文字与符号、图像、图形等。

文字与符号的输入比较简单,目前主要是通过键盘输入和光电扫描识别输入。键盘输入就是使用键盘将文字和各种符号直接输入计算机;光电扫描识别输入是用扫描仪将文字和符号扫描成图像,再通过专用的光学字符识别系统(OCR,Optical Character Recognition)对文字进行识别,将文字和符号的图像转换成文本形式输入计算机。目前,光电扫描识别输入只能用于印刷文本的输入,但也存在一定的差错率,后期还要进行核校。

图像输入的方式主要有扫描输入、数字文件直接输入和视频捕获卡输入。扫描输入是最常用的图像输入方式,是用扫描仪将图像稿转换成数字信号并输入计算机,常用的扫描仪有平板扫描仪和滚筒扫描仪;数字文件直接输入,是将数码相机、图像类电子出版物中的图像信息直接存储在计算机中,或是将互联网上的图像作品直接下载到计算机中;视频捕获卡输入,是利用视频捕获卡捕获摄像机、录像机、电视机等输出的视频信号中的静止图像,并转换成计算机可识别的数字信号,存储在计算机中。

图形输入的方式主要有数字化仪输入、计算机绘制和数字文件直接输入。数字化仪是一种专业的图形输入设备,由电磁感应板、游标和相应的电子电路组成,使用者可以使用专门的电磁感应压感笔或光笔,在电磁感应板上进行绘制,电磁感应板就将绘制的图形信息转换成数字信号,并输入计算机;计算机绘制,就是利用专业图形制作软件直接在计算机上绘制;数字文件直接输入,是将图形类电子出版物中的图形信息直接存储在计算机中,或是将互联网上的图形作品直接下载到计算机中。

(三)图文处理

图文处理就是用专门的软件对输入计算机的文字与符号、图像、图形信息进行处理,并且按照整体设计要求,将经过处理的文字与符号、图像、图形等信息组合成印刷品的页面。

对文字与符号格式的处理,一般在组版的时候进行。

输入计算机的图像往往存在偏色、曝光不准确、有斑点和擦痕、尺寸不匹配等现象,这时候就需要利用图像处理软件对图像进行优化处理,比如图像形态变换、图像修饰、图像颜色变换、图像层次校正、图像特殊效果设计、图像分色等。应用最广泛的图像处理软件是美国 Adobe 公司开发的 Photoshop。

输入计算机的图形同样也需要进行一些加工才能符合设计的要求,常用的图形处理软件有 Illustrator、Freehand、Coreldraw 等,图形处理内容有图形补充绘制、图形变换、图形修饰、图表制作等。

将文字与符号、图像、图形等信息组合成印刷品的页面就是组版。组版也是通过专门的组版软件来完成的,目前,常用的组版软件有方正公司开发的方正飞腾(FIT)、方正书版和 Adobe 公司开发的 InDesign。组版时,要按照整体设计的要求,先设置版面尺寸和版心规格,然后将文字与符号、图像、图形等元素置入版面中;完成全部书页的组版后,一般还要按照印版的幅面尺寸拼成大版。

(四)校样输出

完成组版后,可以根据需要,选用黑白激光打印机、彩色激光打印机、彩色喷墨打印机输出页面信息。输出的页面就是校样,校样经校对、审核后,如需修改,应在计算机中进行修改,并再次输出校样,直至完全符合设计、印刷要求,最后输出一份付印清样,作为检验打样或印刷的质量标准。

(五)出片打样

出片是通过激光照排机将付印清样上的图文信息记录到感光胶片上,感光胶片和照相用的底片相似,通常又称菲林片。

打样就是试验性的印刷过程,一方面检查印前制作的质量,另一方面为正式印刷提供参考样张。先要通过晒版将感光胶片上的图文信息记录到打样印版上,然后将打样印版安装在打样机上,印取小批量样张。

如果采用数字制版的印制工艺,用数字打样机就可将付印清样上的图文信息直接输出彩色样张,代替了传统的输出感光胶片、晒制打样印版、模拟打样等冗长的工序。

如果采用数字印刷的印制工艺,则无需出片打样过程,用数字印刷机就可直接将付印清样上的图文信息记录在纸张上。而且可以按照客户的要求,一张起印,随时修改,实现按需印刷。

(六)印版制作

打样样张经校对、审核、批准付印后,就可以将感光胶片送至印刷单位制作印版,并进行批量印刷。传统的印制工艺是将出片所得的感光胶片放置在光敏性版材上,经曝光、冲洗、腐蚀等方式处理,即得到可在印刷机上使用的印版。

如果采用数字制版的印制工艺,则可将计算机中的图文信息直接输出到印版板材上,即可得到用于印刷的印版。如果采用数字印刷的印制工艺,则无需制作印版,用数字印刷机直接实现按需印刷。

四、书刊印制常用专业用语

在书刊印制过程中,常常需要用到一些专业用语。这里先介绍一些与用纸量计算相关的专业用语。

(一)开本

开本是表示书刊幅面大小的行业用语。造纸企业按一定长度和宽度生产的供印刷使用的平板纸成品,就是"全张印刷纸",简称"全张纸"。将全张印刷纸开切成若干等份,开切的份数就是"开数",每一等份的大小就是开本大小,以"开数"来区分。

一张全张纸开切成 16 等份,其纸页的开数就是 16 开,纸页的幅面大小就是 16 开本;同样,一张全张纸开切成 32 等份,其纸页的开数就是 32 开,纸页的幅面大小就是 32 开本。由此可见,对于相同规格的全张印刷纸,开数越大,开本的幅面就越小。

正规开本采用"几何级开切法"开切而成,即将全张纸反复地对折裁切(见图 3-4)。一张全张纸对折裁切后的幅面大小是 2 开开本,通常称作"对开";将对开大小的纸页对折裁切后,其幅面大小是 4 开开本;依此类推,反复对折裁切,可开切出 8 开、16 开、32 开、64 开、128 开、256 开等多种开本,这些开本的开数呈几何级数增加。

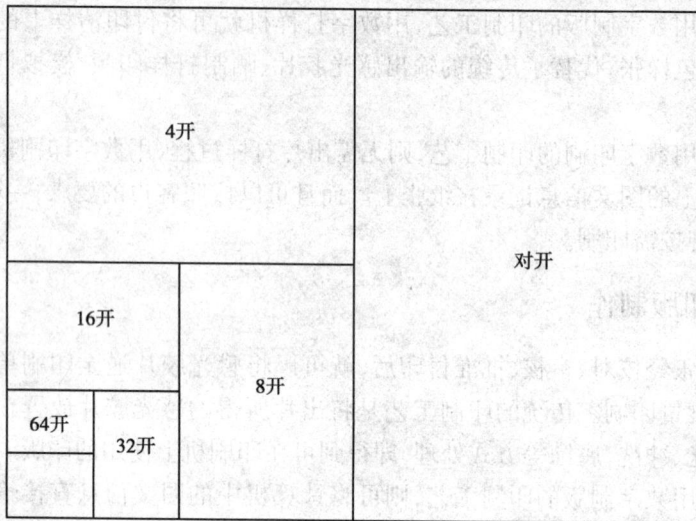

图 3-4　几何级开切法

（二）印张

印张是印刷用纸的计量单位。一张全张纸双面印刷后,就是 2 印张。也就是说,一张对开纸(一张全张纸的一半)双面印刷后,即为 1 印张。

一张对开纸双面印刷,如果是对开大小的页面,就是 2 面;如果是 4 开大小的页面,就是 4 面;依此类推,如果是 16 开、32 开大小的页面,就分别是 16 面、32 面。也就是说,1 印张的书页面数等于该书的开数。即:

$$印张数 = \frac{面数}{开数}$$

例如:一本 32 开本图书的正文有 128 面,该图书正文印张数就是 4 印张。具体计算公式:

$$印张数 = \frac{面数}{开数} = \frac{128}{32} = 4（印张）$$

（三）令和方

令和方都是纸张的计量单位。对没有印刷过的纸张,常常用"令"和"方"来计算。

1 令,即 500 张全张纸。1 令纸双面印刷后,就是 1 000 印张。即:

$$令 = \frac{印张数}{1\ 000}$$

1 方为一张对开纸。即一张全张纸为 2 方,在计算用纸量时,不足 1 令的尾数按"方"计算。即：

$$1 \ 令 = 500 \ 张全张纸 = 1 \ 000 \ 张对开纸 = 1 \ 000 \ 方$$

例如，一本 32 开本图书的正文有 128 面，我们已经计算出每册图书正文的印张数是 4 印张。如果要印 1 200 册，该书的印刷用纸量为：

$$每册印张数 \times 印数 = 4 \times 1 \ 200 = 4 \ 800（印张）$$

合 4.8 令。因为：

$$用纸令数 = \frac{印张数}{1 \ 000} = \frac{4 \ 800}{1 \ 000} = 4.8（令）$$

合 4 800 方。对于双面印刷的书页，印张数即为用纸方数。

（四）加放数

在计算书刊印刷用纸时，在按照书刊的单册印张数、印数计算出理论用纸量后，考虑到印刷过程中由于碎纸、套印不准、墨色深浅及污损等原因所造成的纸张损耗，还要乘以"1 + 加放数"。加放数一般由委托方和承印方根据印刷品的类型、质量要求和印数协商确定。如果双方约定的加放数为 5%，上述例题中理论用纸量为 4.8 令，实际用纸量为：

$$实际用纸量 = 理论用纸量 \times (1 + 加放数) = 4.8 \times (1 + 5\%) = 5.04（令）$$

（五）定量

定量是指单位面积纸张的质量，以"克/平方米"表示，俗称"克重"。

如我们平时使用的 80 克复印纸，就是当该纸面积为 1 平方米时，对应的质量是 80 克。如果该纸的全张纸规格为 890 毫米 × 1 240 毫米，一张全张纸的面积为：

$$0.89 \times 1.24 = 1.103 \ 6 \approx 1.10（平方米）$$

其质量约为：

$$80 \times 1.10 = 88（克）$$

因为一张全张纸的面积通常不会正好是 1 平方米，定量不是指一张全张纸的质量，而是单位面积纸张的质量。

定量越高，单位面积的纸张质量就越大，纸张往往越厚。如字典、辞典等使用的字典纸定量最低，约为 25 克/平方米；普通图书的正文常常使用 80 克/平方米的胶版纸；彩色画册通常使用 100 克/平方米以上的铜版纸；封面用纸的定量往往超过 200 克/平方米。定量超过 250 克/平方米的纸张称为纸板。

（六）令重和吨数

令重就是 1 令全张纸的质量，以"千克"为单位。全张纸的规格不同，定量不同,其令重也不同。

例如,要计算全张纸规格为 890 毫米 × 1 240 毫米、定量为 80 克/平方米的纸张的令重,先要计算出该纸一张全张纸的质量为:

$$定量 × 单张纸面积 = 80 × 0.89 × 1.24 = 88.288(克)$$

1 令全张纸的质量,即令重为:

$$定量 × 单张纸面积 × 500 = 88.288 × 500 = 44\ 144(克)$$

将克换算为千克,即除以 1 000,等于 44.144 千克,即该纸的令重为 44.144 千克。

由此得出令重的计算公式如下:

$$令重 = \frac{定量 × 单张纸面积 × 500}{1\ 000}$$

计算时需要注意,纸张规格一般以"毫米"为单位,应换算成"米",计算出的单张纸面积的单位才是"平方米"。

在纸张交易过程中,纸张的价格往往以"吨"为单位,如某胶版纸的价格为 6 000 元/吨,某铜版纸的价格为 9 000 元/吨,等等。在计算用纸量时,往往需要将用纸令数换算为用纸吨数,才能计算出购买纸张的费用。

例如,在上述例题中,一本 32 开、正文为 128 面的图书,正文每册印张数是 4 印张,印 1 200 册,正文理论用纸量为 4.8 令,加放数为 5% ,则实际用纸量为 5.05 令。如果该书使用全张纸规格为 890 毫米 × 1 240 毫米、定量为 80 克/平方米的胶版纸印刷,已经计算出该纸的令重为 44.144 千克,将实际用纸量换算成吨数为:

$$用纸吨数 = \frac{令重 × 用纸令数}{1\ 000} = \frac{44.144 × 5.05}{1\ 000} = 0.222\ 927\ 2(吨)$$

若纸张价格为 6 000 元/吨,则:

$$正文用纸费用 = 纸张价格 × 用纸吨数 = 6\ 000 × 0.222\ 927\ 2 ≈ 1\ 337.56(元)$$

在实际工作中,有的出版单位习惯将吨价(每吨纸的单价)换算成令价(每令纸的单价)来比较纸张价格。已知吨价,令价的计算为:

$$令价 = \frac{吨价}{每吨令数}$$

每吨令数的计算为:

$$每吨令数 = \frac{1\ 000}{令重}$$

由以上计算步骤可得:

$$令价 = \frac{吨价 × 令重}{1\ 000}$$

上述例题中,纸张吨价为 6 000 元/吨,令重为 44.144 千克,则令价的计算为:

$$令价 = \frac{吨价 \times 令重}{1\ 000} = \frac{6\ 000 \times 44.144}{1\ 000} = 264.864(元 / 令)$$

用纸费用也可根据令价来计算,具体算式为:

用纸费用 = 令价 × 用纸令数 = 264.864 × 5.05 ≈ 1 337.56(元)

第四节　出版物发行

出版活动是为了传播科学文化、信息和进行思想交流,其内在动机和根本目的就是向公众传播。在商品社会中,出版物作为商品,是通过发行活动完成向公众传播。出版物发行作为出版活动的商品流通环节,对整个出版活动起着制约的作用。通过出版物发行活动,一方面,出版物中的精神文化内容得以向公众传播,满足了读者的精神文化需求,实现出版物的使用价值;另一方面,通过销售出版物,实现了凝结在出版物中的价值。

一、出版物发行的概念

出版物发行,是出版单位通过商品交换将出版物传送给消费者的活动,包括总发行、批发、零售以及出租、展销等活动。免费赠送也是一种特殊的发行传播方式。

总发行是指由唯一供货商向其他出版物经营者销售出版物。

批发是指供货商向其他出版物经营者销售出版物。

零售是指经营者直接向消费者销售出版物。

出租是指经营者以收取租金的形式向读者提供出版物。

展销是指主办者在一定场所、时间内组织出版物经营者集中展览、销售、订购出版物。

二、出版物发行的构成要素

出版物发行的构成要素包括出版物发行者、出版物和消费者。

（一）出版物发行者

出版物发行者主要包括出版单位和出版物发行单位，是出版物发行的主体。

出版单位作为出版物的生产者，即出版物的出版者，拥有本版出版物的总发行权，因此也是出版物发行活动的主体之一。

出版物发行单位包括总发行单位、批发单位和零售单位，在出版物发行的各个环节分别承担将出版物销售给其他出版物经营者或消费者的工作。

在我国，出版物出版者和出版物发行者有着明确的区分，图书版权页应记载："出版者、排版印刷者、装订者和发行者的名称。"这里的"发行者"是指该书的总发行单位，一种图书的总发行单位可以是该图书的出版者，也可以是其他具有总发行权的发行单位。

（二）出版物

出版物是发行活动的客体，包括图书、期刊、报纸、音像制品、电子出版物，以及互联网出版物。只有公开出版物才能进入出版物市场，成为发行活动的客体。

按照国家相关规定，每一种公开出版物都有唯一的标准化识别代码——中国标准书号或中国标准连续出版物号。中国标准书号，习称"书号"，主要用于图书、音像制品、非连续型电子出版物等；中国标准连续出版物号，习称"刊号"，主要用于报纸、期刊、连续型电子出版物等。只有经过国务院出版行政主管部门批准设立的出版单位，才能从事出版活动。

（三）消费者

出版物消费者是指购买、租赁、阅读、观赏和使用出版物的单位和个人，通常指的就是读者。没有出版物消费者，就不可能形成出版物市场，出版物发行活动也就无从开展。

三、出版物发行过程的主要环节

出版物从出版单位传送到消费者手中通常要经过总发行、批发和零售三大环节。

（一）总发行

总发行是指出版物总发行单位向其他出版物经营者销售出版物的活动，是出版物发行活动的初始环节。一种出版物只有一个总发行单位。

总发行单位可以是出版物的出版单位,也可以是拥有总发行权的发行单位。当出版单位以包销的形式,将某一种出版物的总发行权转让给其他拥有总发行权的发行单位时,出版单位便不再具有该出版物的总发行权,且不得向其他出版物经营者销售该出版物。根据国家规定,从事出版物总发行业务的单位须经国务院出版行政主管部门批准。

(二)批发

批发,指从事出版物批发业务的单位,以一定折扣、批量向其他出版物经营者销售出版物的活动,是出版物发行活动的中间环节。

批发商可以将出版物销售给其他批发商,也可以将出版物直接销售给零售商,因此,在出版物发行过程中,可能有几个层次的批发环节。根据国家规定,从事出版物批发业务的单位,须经省、自治区、直辖市人民政府出版行政主管部门审核许可。

(三)零售

零售是指出版物经营者直接向消费者销售出版物的活动,是出版物发行活动的最终环节。在出版物发行活动中,零售只有一个销售层次。根据国家规定,从事出版物零售业务的单位和个体工商户,须经县级人民政府出版行政主管部门审核许可。

四、出版物购销形式

出版物在从出版单位传送到消费者的过程中,出版物发行者通过购进和销售出版物,使出版物的所有权在出版单位和发行单位之间,以及发行单位和发行单位之间发生了转移。出版物经营者之间转移出版物所有权的方式,就是出版物购销形式。出版物购销形式主要有包销、经销和寄销。

(一)包销

包销是某种出版物的专有销售权由出版单位向发行单位整体转移的购销形式。包销者须是具有总发行权的发行单位。出版单位通过包销将某种出版物的总发行权转让给包销者后,包销者成为该出版物的总发行单位,出版单位不得向其他经营者销售出版物。

出版单位将某种出版物的总发行权转让给包销者后,由包销者负责征订,并和出版单位协定包销数,出版单位根据包销数决定出版物的印数。出版物出版后,出版单位按包销数将出版物交包销者分发销售,包销者须按双方协议的时间和方式与出版单位结算货款,未销出的出版物不能退货。出版单位可以留少量的出版物进行零售,如通过邮购、出版单位的网站或门店,直接将出版物卖给消费者。

(二)经销

经销是发行单位按订货数量向出版物所有者进货,转而销售,不退货的购销形式。出版单位和发行单位之间,以及发行单位和发行单位都可以采用经销的购销形式来转让出版物的所有权。

如果出版单位和发行单位之间采用经销的购销形式,则出版物的总发行权依旧属于出版单位,出版单位可自行销售或委托他人销售出版物。出版单位可向各经销商征订出版物,然后按照各经销商的订数发货,各经销商负责销售自己所订出版物,并按照协议时间和方式与出版单位结算货款。未销出的出版物是否退货,可依照双方的协议而定。

(三)寄销

寄销是出版物所有者委托出版物发行单位销售出版物的购销形式。在寄销业务中,出版物所有者是寄销人,受委托的发行单位则是承销人。寄销人将出版物交付给承销人,但并未转让出版物的所有权,只有当承销人将出版物销售出去后,出版物的所有权才发生转移。因此,未销出的出版物依旧属于寄销人,承销人可予以退货。

寄销是我国目前比较通行的出版物购销形式。出版单位作为出版物的寄销人,按照协议将一定数量的出版物交付给发行单位,发行单位作为承销人销售出版物,并按协议时间和方式根据实际销售数量结算货款,未销出的出版物按协议予以退货。

五、出版物发行折扣

我国实行的是出版物统一定价制度,即出版物的零售价格由出版单位确定,并标于出版物的底封、版权等显著位置。在出版物发行过程中,出版单位、总发行单位、批发单位和零售单位之间在结算货款时,都按出版物定价打一定折扣。

例如,某图书定价为 20 元,出版单位以 12 元的价格销售给某批发商,其中 8 元就是折扣金额,是批发商的利润来源;如果该批发商又以 15 元的价格将出版物销售给某零售商,其中 5 元就是折扣金额,是零售商的利润来源。

因此,在出版物发行过程中,常常会涉及码洋、实洋、发行折扣额和发行折扣率之间的换算。

（一）码洋

码洋就是按出版物定价计算的金额。即：

$$码洋 = 定价 \times 册数$$

例如，定价 20 元的图书，共 2 000 册，该图书的码洋就是 4 万元（$20 \times 2\,000 = 40\,000$）。

如果出版物不止一种，可以先计算出每种出版物的码洋，然后将各种出版物的码洋加起来，就是所有出版物的总码洋。

例如，定价 20 元的图书有 2 000 册，定价 25 元的图书有 3 000 册，定价 30 元的图书有 4 000 册，这三种图书的总码洋就是 23.5 万元（$20 \times 2\,000 + 25 \times 3\,000 + 30 \times 4\,000 = 235\,000$）。

码洋可以是出版码洋、进货码洋和销售码洋，是用一定数量出版物定价金额的总和，来表示出版物的生产规模或销售规模。

（二）实洋

实洋是与码洋相对应的一个概念，是指出版物的实际销售金额。

例如，定价 20 元的图书，出版单位以 12 元的价格销售，12 元就是实际销售金额。如果售出 2 000 册，则销售实洋就是 2.4 万元（$12 \times 2\,000 = 24\,000$），而销售码洋则是 4 万元（$20 \times 2\,000 = 40\,000$）。

同样，如果销售的出版物不止一种，可以先计算每种出版物的销售实洋，然后将各种出版物的销售码洋加起来，就是总的销售实洋。

实洋可以是销售实洋，也可以是进货实洋。

例如，定价 20 元的图书，出版单位以 12 元的价格销售给某批发商 2 000 册，批发商又以 15 元的价格销售给某零售商 500 册。则出版单位的销售实洋是 2.4 万元，批发商的进货实洋也是 2.4 万元；批发商的销售实洋是 7 500 元（$15 \times 500 = 7\,500$），零售商的进货实洋也是 7 500 元。

（三）发行折扣额与发行折扣率

发行折扣额，就是出版物经营者在销售出版物过程中，进货码洋与进货实洋的差额。即：

$$发行折扣额 = 进货码洋 - 进货实洋$$

上述例题中，批发商的进货码洋为 4 万元（$20 \times 2\,000 = 40\,000$），进货实洋为 2.4 万元，则发行折扣额为 1.6 万元（$4 - 2.4 = 1.6$）；零售商的进货码洋为 1 万元

（$20 \times 500 = 10\ 000$），进货实洋为 7 500 元，则发行折扣额为 2 500 元。由此可见，发行折扣额是出版物发行单位获得利润的来源。

发行折扣率是进货实洋占进货码洋的比例，一般用百分比表示。即：

$$发行折扣率 = \frac{进货实洋}{进货码洋} \times 100\%$$

上述例题中，批发商的发行折扣率为：

$$发行折扣率 = \frac{进货实洋}{进货码洋} \times 100\% = \frac{2.4}{4} \times 100\% = 60\%$$

发行折扣率为 60%，习称"六零折"。

零售商的发行折扣率为：

$$发行折扣率 = \frac{进货实洋}{进货码洋} \times 100\% = \frac{7\ 500}{10\ 000} \times 100\% = 75\%$$

发行折扣率为 75%，习称"七五折"。

发行折扣额与发行折扣率的关系是：发行折扣额越多，发行折扣率越低；发行折扣额越少，发行折扣率越高。

在图书销售过程中，零售商为了促销，往往也会以一定的折扣将出版物销售给消费者，我们把这种折扣叫作销售折扣，以区分出版物经营者之间的发行折扣。

六、出版物发行员

出版物发行员是将图书、期刊、音像制品、电子出版物等出版物由出版领域输送到消费领域的人员。

出版物发行员职业资格分初、中、高三个等级。经考核取得初级技术等级证书的出版物发行员，即获得出版物发行员从业资格，可以从事出版物发行工作；取得中级以上（含中级）技术等级证书的出版物发行员，即获得出版物发行员执业资格，可以依法独立开业。

小　结

出版过程指的是某一出版物从最初生产到传送到消费者手中的整个过程，由精神产品生产、物质产品生产和产品流通三个基本阶段组成。

编辑工作是以生产出版物的精神文化内容为目的,策划、组织、审读、选择和加工作品的专业性精神生产工作。编辑工作在出版活动中居于中心地位,是复制和发行的前提。编辑工作除了具有政治性、思想性、科学性、创造性等文化工作的共有特点,还具有选择性、加工性和中介性等专业特点。编辑工作的全过程包括信息采集、选题策划、组稿、审稿、签订出版合同、编辑加工整理、整体设计、审定发稿、校样处理、样书检查、宣传营销、信息反馈等环节。要做好编辑工作,离不开做好作者工作和读者工作。

书刊印制包括印前制作、印刷和印后加工阶段。传统的书刊印制工艺过程包括原稿检核、图文输入、图文处理、校样输出、出片打样、印版制作、印刷、装订等环节;数字制版的书刊印制工艺过程,以数字打样和数字制版代替了传统印制工艺过程中的出片打样和印版制作;数字印刷的书刊印制工艺过程,无需制版,核对校样后便可直接印刷,实现了一张起印、按需印刷。

在书刊印制过程中,常常需要用到开本、印张、令和方、加放数、定量、令重和吨数等专业用语,理解这些专业用语的含义,便可计算书刊的正文用纸量和用纸费用。

出版物发行,是出版单位通过商品交换将出版物传送给消费者的活动,包括总发行、批发、零售以及出租、展销等活动。出版物发行的构成要素包括出版物发行者、出版物和消费者。

整个出版物发行过程由总发行、批发和零售三个环节组成。总发行是指出版物总发行单位向其他出版物经营者销售出版物的活动,是出版物发行活动的初始环节。批发是指从事出版物批发业务的单位,以一定折扣、批量向其他出版物经营者销售出版物的活动,是出版物发行活动的中间环节。零售是指出版物经营者直接向消费者销售出版物的活动,是出版物发行活动的最终环节。

出版物购销形式是指出版物经营者之间转移出版物所有权的方式。目前,我国出版物购销形式主要有包销、经销和寄销。

在出版物发行过程中,常常会涉及码洋、实洋、发行折扣额和发行折扣率之间的换算。码洋就是按出版物定价计算的金额,实洋是指出版物的实际销售金额,发行折扣额就是进货码洋与进货实洋的差额,发行折扣率是进货实洋占进货码洋的比例,一般用百分比表示。

出版物发行员是将图书、期刊、音像制品、电子出版物等出版物由出版领域输送到消费领域的人员。出版物发行员职业资格分初、中、高三个等级。

思考与练习

1. 出版过程由哪些环节组成？每一环节分别包括哪些内容？

2. 什么是编辑工作？

3. 为什么说编辑工作是出版工作的中心环节？

4. 编辑工作有哪些专业特点？

5. 编辑过程由哪些环节组成？每一环节又包括哪些具体步骤？

6. 编辑如何做好作者和读者工作？

7. 什么是书刊印制？

8. 传统的书刊印制工艺过程包括哪些环节？比较传统的书刊印制工艺过程与数字制版、数字印刷的书刊印制工艺过程的主要区别。

9. 什么是印前制作？印前制作的基本步骤有哪些？

10. 什么是开本？正规开本是如何开切的？

11. 什么是印张？如何计算书刊的印张？

12. 什么是令？什么是方？如何计算书刊的用纸令数和用纸方数？

13. 什么是加放数？如何计算书刊的实际用纸量？

14. 什么是定量？什么是令重？如何计算令重？

15. 什么是吨价？什么是令价？吨价是令价如何换算？

16. 什么是出版物发行？出版物发行有哪些构成要素？

17. 出版物发行由哪些环节组成？

18. 什么是总发行？什么是批发？什么是零售？

19. 什么是出版物购销形式？

20. 什么是包销？什么是经销？什么是寄销？

21. 什么是码洋？如何计算出版物的码洋？

22. 什么是实洋？如何计算出版物的实洋？

23. 什么是发行折扣额？什么是发行折扣率？如何计算出版物销售中的发行折扣额和发行折扣率？

24. 什么是出版物发行员？如何获得出版物发行员的从业资格和执业资格？

第四章

出版物市场

学习目标

通过本章的学习,使学生能够掌握出版物市场的相关知识,了解我国对出版物市场的管理规定,能运用所学知识分析市场营销案例中所运用的市场营销策略,初步进行简单的市场调查和市场预测。

知识要点

掌握出版物市场的概念;掌握出版物市场的构成要素;熟悉各种市场营销策略,掌握其中的促销策略;熟悉市场调查的内容;了解市场调查的几种方法;熟悉市场预测的内容;了解进行市场预测的几种方法;熟悉我国对出版物市场的管理。

第一节　出版物市场的概念

出版物既是精神文化产品,又是商品,商品的经营离不开市场。出版产业各个环节的运作都离不开市场,都要遵循市场规律。因此,研究出版物市场,把握出版物市场的运行规律,是做好出版营销工作,开展出版物市场管理的基本条件。

市场是指进行商品交换的地方,即商品交换的具体场所。它是一个空间上的地理位置概念。

最初,人们的生产力水平相对低下,商品交换不发达。随着生产力的发展和社会分工的出现,商品交换日益频繁,人们对商品交换的依赖程度越来越大,于是市场的概念得到了发展,它不再是单纯的地理位置概念,而是一个包括商品交换中的各种经济关系及经济活动在内的综合概念。

与市场概念的发展一样,出版物市场的概念也分两种:狭义的出版物市场和广义的出版物市场。狭义的出版物市场,是一个地理位置的概念,指具有一定的场地和设施的出版物交易场所。我国最早的图书贸易市场是出现于西汉末年的"槐市",这个市场就是空间意义上的市场。

广义的出版物市场,是指围绕出版物商品交换所进行的各种经济活动,以及由此而产生的各种经济关系的总和,包括出版物商品的供给者和需求者在实现出版物商品交换过程中相互作用而形成的各种关系。例如,在出版物商品交换活动中,出版者、作者、发行者与读者之间必然会产生各种经济关系,如产销关系、批零关系、出版者与作者之间的关系、发行者相互之间的关系、发行者与读者的关系以及成本与效益的关系等,各项经济活动又围绕着协调各种经济关系而展开。

第二节　出版物市场的构成要素

出版物市场作为出版物商品交换的总和,它包含了非常丰富的内容,其构成要素是构成出版物市场的基本条件,只有具备了这些条件,出版物市场才能形成。出版物市场的构成要素主要包括:出版物商品供给者、出版物商品、出版物商品需求者和出版物市场信息。

一、出版物商品供给者

出版物商品供给者是出版物市场的"供"方,包括出版物商品的生产者和经营者。生产者即出版单位,它决定了某一时期市场上可供交换的全部出版物商品的品种和数量。经营者即发行单位,它是出版发行活动的具体组织者,它包括出版物的批发者和零售者,它们各自以不同的方式参与出版物市场的商品交换活动。生产者、批发者和零售者三者共同决定了出版物市场上什么时候、以多大数量、以什么价格供应什么样的出版物商品;决定着市场供应链能在何种程度上适应需求。所以,出版物商品供给者是构成出版物市场的首要因素。

一定规模出版物市场的形成,不仅要求拥有足够数量的出版物商品供给者,而且还要求具有合理的供给者结构。生产者、批发者、零售者三者之间要保持适当的比例,并根据生产力的发展与进步不断进行调整,这样才能使出版物市场"供"方渠道畅通,为出版物市场繁荣奠定一定的基础。

二、出版物商品

出版物商品是出版物市场的作用对象,是出版物市场的客体,是形成出版物市场的物质基础。没有出版物商品,就没有出版物市场。

构成出版物市场物质基础的出版物商品是否丰富、商品结构是否合理、面市时间与交换价格是否适合读者要求,是出版物市场是否繁荣兴旺的重要标志之一。

三、出版物商品需求者

哪里有读者,哪里就有对出版物的需求,出版物商品需求者即读者。读者可按年龄、职业、文化水平、地区分布等标准划分为各种类型。不同类型的读者对出版物的需求无论从品种、内容,还是在时间、数量上都有着明显的区别。这一特点决定了出版物商品需求者对出版物市场的容量、市场结构、市场行情等,都有着重要的影响。

四、出版物市场信息

广义的出版物市场包括出版物商品的供给者和需求者在实现出版物商品交换过程中相互作用而形成的各种关系,这些关系的直接体现就是出版物市场信息,包括生产信息、发行信息、需求信息和价格信息等。这些信息的及时交换,促进了整个出版物市场的持久和繁荣。

综上,出版物市场由出版物商品供给者、出版物商品、出版物商品需求者、出版物市场信息四个因素构成的,这些因素相互制约、相互影响,共同作用于出版物市场。经营者在进行市场预测与经营决策时,要将这些因素联系起来进行综合分析,才能避免经营决策的失误。

第三节　市场营销策略

美国营销协会(AMA)对营销所下的定义是:"营销是一种商业活动,主要目的在于把生产者所提供的产品和服务,引导到消费者手中。"

市场营销是以市场需求为导向,其实质是让企业获得竞争优势,取得短期、中期和长远利益。出版物市场营销,是借助市场营销理论,从全程出版理念出发,以消费者为中心,将出版物和服务分销转移到消费者手中,并使出版企业在市场竞争中处于优势的全过程。它为出版企业的经营管理和决策提供了依据。出版物营销必须要有层次性和针对性。每一种出版物都是一种个性化产品,每一种出版物都应有它独特的营销策略。

出版物市场营销策略主要有产品策略、价格策略、渠道策略和促销策略等。

(一)产品策略

产品策略是指企业对所经营的产品所采取的策略。出版物产品策略就是要解决"用哪些出版物商品来满足目标消费者即读者的需求",它在出版物市场营销策略中占有非常重要的地位。

对于出版单位来说,"人无我有,人有我优"就是一种最朴素的产品策略,打造专属的出版物品牌,并尽力延长其生命周期,才能使出版单位在激烈的市场竞争中立于不败之地。

而出版物经营企业则要回答用什么样的出版物品种来满足消费者需求,如综合书店为了满足区域内所有消费者对出版物的需求,会提供尽可能全面的出版物商品,这就是一个全面化的产品策略。而专业书店走的则是一种专业化的产品策略,即在目标市场中只满足消费者某一种消费需求。现在越来越多的书店除了卖书,也经营文化用品、电子辞典等产品,这属于扩大产品策略,它是根据最终消费对象的一致性,增加企业经营的商品线或商品类目。书店还要根据实际销售情况,大量压缩某些滞销的出版物,减少资金占用,提高销售效率,这就是删减产品的策略,是减少经营滞销商品或取消亏损商品类目的策略。

(二)价格策略

价格是竞争的主要手段,价格是否合理直接影响出版物的销售,关系到企业能否实现经营目标。价格策略是出版物市场营销策略中比较活跃的策略。

出版单位在制定价格策略时,不仅需要考虑自身所耗费的成本费用,还要考虑读者的购买力和对价格的接受程度,更要调查其他竞争对手的同类出版物的价格水平。我国书报刊采用的是定价制,经营企业可以在出版物定价的基础上,采取降价或打折销售的价格策略。例如,网上书店灵活多变并不断推陈出新的优惠促销策略就对消费者产生了极大的吸引力,吸引消费者将潜在需求转变成了现实需求。加之网上信息的及时准确,非实体书店所能抗衡。

(三)渠道策略

出版物分销渠道指的是出版物商品或服务由出版者向消费者转移过程中所取得所有权或协助所有权转移的商业组织和个人。这些商业组织和个人包括出版机构的自办发行、批发商、代理商、零售商、中介机构以及仓储、物流等。实施分销渠道策略需要对市场信息有很好的把握,了解出版物的消费者是谁,他们在什么地方,什么时间需要什么样的出版物,等等,并通过各种购销方式真正实现出版物的转移。

新建渠道时,企业通过自建网点或招聘中间商来开拓渠道。若现有的渠道已被对手控制,则可进行渠道渗透,一步步挤占对手的渠道。

在渠道基本建立后,防止对手渗透进来,就需要采取巩固策略,如连锁、特许经营等方式来巩固现有渠道。

当现有渠道无法满足企业发展的需要时,就需要采取扩展策略,如通过增加销售网点从而增加销量,或提高企业在其专业市场的占有率,或者有机地把上述两种扩展策略结合起来,形成综合性扩展。

(四)促销策略

促销是指企业采用各种有效的方法和手段,使消费者了解和注意企业的商品,激发消费者的购买欲望,促使其最终实现购买行为。对企业来说,促销不仅仅是企业自身的事情,而且还是一个与消费者合作共同完成的过程。

促销策略种类繁多,主要有人员推销、广告、营业推广和公共关系,这四种策略各有特点,既可以单独使用,也可以组合在一起使用,以达到更好的效果。

1. 人员推销

人员推销是指企业派出推销人员直接与消费者接触、洽谈、宣传出版物,以促进销售目的的活动过程。近年来,邮局工作人员在报刊征订时,直接挨家挨户介绍推销就属于这种促销策略。

2. 广告

广告指企业为推销出版物、服务或观念,通过各种媒介和形式向公众发布的有关信息。

1998 年,科利华公司为《学习的革命》一书所做的营销策略,就是利用新闻媒体进行营销宣传最成功的案例之一。科利华公司邀请著名导演谢晋拍摄了《学习的革命》的广告片,这个不同于一般商品广告的图书广告在中央电视台黄金时段播出了 1 个月,在上海的两个电视台和凤凰卫视播出了 3 个月,耗费广告费 2 000 多万元。《学习的革命》创造了 500 多万册的销售奇迹。

出版业使用的更普遍的广告,是利用行业精英写推荐词、邀请目标读者所熟知和尊重的人作序及邀请书评家撰写书评等,与做广告相比,杂志或报纸上的书评更能给人们留下深刻的印象。

此外,出版者越来越重视利用社交网站、博客、微博等,为出版物做持续深度的营销。畅销书《求医不如求己》就是自网络走红而出书,作者在各大知名网站开设多处博客,为其新书造势,使新书销售记录不断刷新。

3. 营业推广

营业推广是在短期内采取一些刺激性的手段,如赠券、折扣、赠品等来鼓励消费者购买的一种营销活动。营业推广可以促使消费者产生强烈的、即时的反应,从而提高出版物的销售量。

网络书店经常使用这种营销模式,通过不同时段的赠券、折扣优惠,买满一定金额再送赠品的方式来吸引读者。

出版者还会使用出版物本身作为宣传品、赠品用于促销,如印制图书书目发放到书店、批发商和图书馆,或者针对某一种书(一般是大型的丛书、系列书)制作一本手册或广告传单。

4.公共关系

公共关系是指企业为了适应环境的需要,争取社会各界的理解、信任和支持,树立企业良好信誉和形象,利用各种公共媒体来传播有关信息的营销活动。这种活动一般是通过不付费的公共报道来传播,传播的信息带有新闻性,因而消费者一般感觉是有权威的,公正可靠的,比较容易相信和接受。对企业来说,公共关系的目的不是追求短期销量的增加,而是着眼于企业在社会中的良好信誉和长远发展。

第四节　市场调查与市场预测

任何企业都存在于一定的外部环境之中,企业的经营活动不可能离开外部环境而孤立地进行。对于出版物市场来说,宏观环境因素主要有:政治、法律、经济、人口、科技、自然和文化等;微观环境因素主要有:供应商、消费者、竞争者和社会公众等。

出版物经营者要不断了解这些宏观环境因素和微观环境因素,认识和发现环境机会,规避环境风险,顺应环境变化,实现经营目标。

一、市场调查

市场调查是了解市场经营环境、发现企业经营活动中存在的问题和制订相应措施的重要手段。

(一)市场调查的内容

出版物市场调查的内容十分广泛,但每次市场调查的内容又不可能包罗万象、面面俱到,只能根据市场调查的目的,有区别地进行选择,为市场预测与经营决策提供依据。出版物市场调查的内容主要包括以下几个部分：

1. 宏观市场环境调查

出版企业的经营活动是在社会文化环境中进行的，环境的变化既可以为企业带来市场机会，也可以形成某种威胁，所以对企业所处宏观市场环境的调查，是企业有效开展经营活动的前提。

宏观市场环境调查包括政治环境、法律环境、经济环境、科技环境和社会环境调查等。

2. 出版物市场需求调查

出版物市场需求调查主要包括市场的需求容量、需求品种结构和需求时间的调查，即了解消费者在何时何地需要什么、需要多少。

出版物需求容量的调查主要包括出版物市场最大、最小及最可能的需求数量、潜在的需求数量、现在与潜在的供应数量、不同类别出版物的市场规模与特征，以及不同地域的销售机遇，本企业出版物的市场占有率，相关企业同类出版物的市场竞争态势的调查。

出版物市场需求品种结构调查，主要是了解某一地区消费者对于不同品种出版物的需求状况，这取决于消费者的收入水平、职业类型、文化层次、年龄结构、兴趣爱好等因素。

需求时间调查主要是了解消费者需求的季节、月份和具体购买时间。

3. 出版物商品调查

出版物商品调查是指对出版商、供应商可能提供的出版物商品的内容、品种、数量、质量、价格和生命周期等因素进行调查。

4. 出版物价格调查

出版物商品价格调查包括出版物市场整体的价格水平，本企业与竞争企业同类出版物商品价格差距，本企业与竞争企业发货折扣和购进折扣差距、企业赊销折扣、优惠折扣价格与竞争折扣价格的最佳时机等的调查。

5. 流通渠道调查

典型的出版物流通渠道为：出版商—批发商—零售商—消费者。流通渠道调查是对出版物从生产者到消费者所经过的各个流通环节进行调查。可以针对流通渠道中的企业，如出版商、批发商、零售商，进行企业规模、经营能力、市场辐射能力、信誉度、结算模式、资金状况等方面的调查。

6. 促销和服务调查

促销和服务调查，即对出版企业的各种促销活动和为消费者提供的各项服务在消费者中产生的效果进行调研。内容包括：各种促销活动和各项服务的特点是否独具一格,具有创新性;消费者接受程度如何,能否给消费者留下深刻印象,效果与投入是否匹配;是否最终起到了吸引消费者、争取潜在消费者的作用;消费者对企业有何种服务要求。

7. 竞争对手调查

有市场就有竞争,出版企业要想在市场上站稳脚跟,就必须重视对竞争对手的调查,真正做到知己知彼。对竞争对手调查的内容包括:竞争对手的数量,主要竞争对手是谁,是否有潜在的竞争对手;竞争对手的经营规模、人员组成、品种数量、让利能力、费用水平、盈利能力;竞争对手的供货渠道及稳定性;竞争对手的销售渠道及控制程度,所占市场份额情况;竞争对手所采取的促销方式、服务项目、消费者对其相应的评价。

(二)市场调查的方法

市场调查方法一般可分为:观察法、实验法、访问法等。

1. 观察法

观察法是指由调查员到被调查者的销售场所,直接或通过仪器在现场观察调查对象的行为动态,并加以记录而获取信息的一种方法。观察法可以是由调查者身临其境观察,或者由摄像机、探测器等机器进行记录。

2. 实验法

实验法是指从影响调查问题的许多因素中选出一到两个因素,将它们置于一定的条件下进行小规模的实验,然后对实验结果做出分析的调查方法。

3. 访问法

访问法是指市场调查人员通过向被调查者提问,由被调查者回答,从而获取所需信息资料的一种调查方法。它是企业获取市场第一手信息资料常用的调查方法,在进行消费者行为及态度方面的调查时比较常用。问卷调查就是访问法的一种,此外还有深度访谈、焦点小组座谈会等方法。除了面对面进行调查外,还可以通过电话、邮寄、新闻媒介、电子媒介等方式进行调查。

二、市场预测

市场预测就是在市场调查的基础上,以搜集出版物市场的相关信息资料为依据,运用一些数学分析手段,对未来一段时期出版物市场的供应和需求的趋势以及有关因素的变化进行分析、估计和判断,从而为出版行政管理部门制定出版政策法规,以及出版物市场供给者开展营销策略和制定发展策略提供科学依据。

（一）市场预测的内容

出版物市场预测的内容主要包括市场需求预测、出版物市场销售预测、经济效益预测。

1.市场需求预测

市场需求预测包括对一定时间内整个目标市场需求量大小的预测，对各个分类市场需求的预测，对出版物商品、品种、形式的变化趋势的预测，以及对未来一段时间内消费者的数量、结构、收入状况、购买力、购买行为和消费心理等的预测。

2.出版物市场销售预测

出版物市场销售预测包括对一定环境条件下的出版企业可能达到的最大销售总量预测，竞争对手和本企业的市场占有率预测，对影响货源的因素如出版商的出版能力、上游出版物供应商的出版物品种、质量、数量储备状况、物流畅通状况等诸多因素的预测，以及对出版物发行企业自身销售能力的预测。

3.经济效益预测

指对出版物发行企业在一定时期内，如一年、一季度、一个月等的经营活动所能取得的经济效益进行预测。经济效益主要包括销售额、利润额等与企业生存发展密切相关的各项财务指标。

（二）市场预测的方法

市场预测的方法有很多，有些是要依靠预测者的知识、经验，从而预测未来的发展趋势；有些则是运用数学方法，对已知的大量数据资料进行分析判断，从中找到相应的发展规律。下面简单介绍三种比较常用的市场预测方法。

1.经济判断预测法

经济判断预测法是市场预测方法中常用的一种方法，该方法是基于预测人员丰富的经验、知识以及综合分析能力，对出版物市场未来发展的前景做出性质和程度上推测的一种预测方法。这种方法不用或很少用数学模型，预测结果未经过定量分析，具有不确定性。经济判断预测法有对比类推法、头脑风暴法、德尔菲法、消费者意见法等。

2.时间序列预测法

时间序列预测法是将出版物发行企业的历史资料和数据按照时间顺序排列，根据时间序列所反映现象的发展过程、方向和趋势，将时间序列外推或延伸，来预测未来可能达到的水平。

3.因果分析法

出版物市场的发展与变化由多种因素决定，许多经济因素除了受时间变化影响外,还可能受很多其他因素影响,这些因素之间存在着相互影响、相互依存的因果关系。因果分析法就是研究变量之间相互关系的一种定量预测法。常用的因果分析法有回归分析预测法。

小　结

出版物市场的概念也分两种:狭义的出版物市场和广义的出版物市场。狭义的出版物市场,是一个地理位置的概念,指具有一定的场地和设施的出版物交易场所。广义的出版物市场,是指围绕出版物商品交换所进行的各种经济活动,以及由此而产生的各种经济关系的总和,包括出版物商品的供给者和需求者在实现出版物商品交换过程中相互作用而形成的各种关系。

出版物市场由出版物商品供给者、出版物商品、出版物商品需求者和出版物市场信息构成,这些因素相互制约、相互影响,共同作用于出版物市场。

出版物市场营销,是借助于市场营销理论,从全程出版理念出发,以消费者为中心,将出版物和服务分销转移到消费者手中,并使出版企业在市场竞争中处于优势的全过程。

市场营销策略有产品策略、价格策略、渠道策略、促销策略等。每一种出版物都是一种个性化产品,每一种出版物都应有它独特的营销策略。

出版物市场调查的内容十分广泛,但每次市场调查的内容又不可能包罗万象、面面俱到,只能根据市场调查的目的,有区别地进行选择,为市场预测与经营决策提供依据。出版物市场调查的内容主要包括以下几个部分:宏观市场环境调查、出版物市场需求调查、出版物商品调查、出版物价格调查、流通渠道调查、促销和服务调查、竞争对手调查等。

市场调查方法一般有:观察法、实验法、访问法等。

市场预测包括市场需求预测、出版物市场销售预测和经济效益预测等。市场预测的方法有经济判断法、时间序列预测法和因果分析法等。

思考与练习

1.什么是广义的出版物市场？什么是狭义的出版物市场？

2.出版物市场由哪些要素构成？

3.什么是出版物市场营销？出版物市场营销有哪些策略？请选取一个出版物市场营销案例,分析该案例所采用的营销策略。

4.出版物市场调查包括哪些内容？

5.出版物市场调查有哪些方法？请选取一个出版物市场调查的案例,分析该案例所调查的基本内容及其采用的调查方法。

6.出版物市场预测的内容包括哪些？出版物市场预测有哪些方法？

第五章

我国出版业及其行政管理

学习目标

通过本章的学习,使学生对我国出版业有一定的了解,熟悉我国对于出版行政管理的相关规定。

知识要点

熟悉中国出版业的特点和构成;了解出版专业技术人员技术职务级别;掌握出版专业技术人员的职业资格要求;掌握出版专业技术人员的主要职责;了解出版行政管理的主要法律依据、准入制度;了解国家对设立出版物生产经营单位的规定;掌握国家对出版从业人员的管理规定;掌握国家对重大选题备案和书号、刊号管理的规定;掌握国家对出版物内容的管理规定。

第一节　我国出版业的特点与构成

出版业指从事出版物生产和经营活动的社会行业。我国出版业是文化创意产业的重要组成部分,以出版业为核心的文化创意产业是推动我国社会主义文化大发展、大繁荣的新的经济增长点和新的增长模式。随着我国出版业的飞速发展,我国正在从出版大国向出版强国迈进。

一、我国出版业的特点

在 2011 年新修订的《出版管理条例》中明确:出版活动必须坚持为人民服务、为社会主义服务的方向,坚持以马克思列宁主义、毛泽东思想、邓小平理论和"三个代表"重要思想为指导,贯彻落实科学发展观,传播和积累有益于提高民族素质、有益于经济发展和社会进步的科学技术和文化知识,弘扬民族优秀文化,促进国际文化交流,丰富和提高人民的精神生活。因此,我国出版业既具有与其他国家出版业共同的性质,又具有自己的特点。

(一)属于社会主义思想文化阵地

我国出版业是中国特色社会主义事业的重要组成部分。我国出版业担负着建设和传播先进文化,提高全民族思想道德素质和科学文化素质,更好地满足人民精神文化需求的重要职责;对于解放思想、推动科学发展、促进社会和谐、增强国家文化软实力具有重要作用。所以,我国出版业首先是社会主义文化事业,具有意识形态属性,这就要求出版行业人员树立起正确的政治意识、大局意识和责任意识。

(二)具有产业经济属性

出版物既是精神产品,也是商品。出版物商品的价值通过市场流通实现,所以我国出版业具有产业经济属性。因此,出版业要按照市场规律组织生产和销售,参与市场竞争。

（三）富有文化创意价值

出版业作为文化创意产业的重要组成部分,对于社会文化的发展有着重要的意义和价值。在我国从出版大国向出版强国迈进的过程中,在大力发展文化创意产业的环境下,做大、做强出版产业,对推动社会文化的发展起着举足轻重的作用。

（四）与信息技术密切相关

出版产业是先进生产力的创造者和实现者,其发展与信息技术休戚相关。纵观出版发展的历史,技术的每一次重大进步,都给出版行业带来飞速发展和重大变革,如激光照排技术的发展让出版业彻底告别了"铅与火"的时代,出版产能大大提高。而现代数字技术的进步,已经改变了传统的出版印刷工艺流程,并改变着出版行业的传统格局以及各个流通环节的运营模式,给传统的出版业注入了新的活力。

（五）事业与产业的有机统一

我国从1980年起,对作为事业单位的出版单位采用企业管理方式。自2006年1月起,根据中共中央、国务院发出的《关于深化文化体制改革的若干意见》,将出版单位分为经营性出版企业单位和公益性出版事业单位两类。目前绝大多数出版社已经转制为企业。

二、我国出版业的构成

我国出版业主要由出版单位、制作单位、印刷复制单位、发行单位、出版专业教育单位和科研单位等构成,而代表国家对出版业进行管理的是各级出版行政主管部门。

（一）出版单位

出版单位是指从事出版活动的机构,包括图书出版社、报社、期刊社、音像和电子出版物出版社以及近年来兴起的互联网出版机构等。对于出版报纸、期刊的法人,如果未设立报社、期刊社的,则将其设立的报纸或期刊编辑部视为出版单位。

报社或非独立的报纸编辑部通常归属新闻业。本书主要介绍作为出版业构成部分的出版社、期刊社等出版单位。

1.出版社

出版社的名称多种多样,有称为出版社的,也有称为"印书馆""书局""公司"。

出版社的出版业务活动也各具特点,有出版图书的,也有出版报纸和期刊的,还有既出版图书也出版报纸、期刊的,还有出版音像制品或电子出版物的。另外,有综合性的出版社,也有出版某一专门门类,如经济类、社会科学类、科学技术类、少儿类、古籍类、旅游摄影类等的专门出版社。

尽管出版社的名称和业务活动有所不同,但它们都是生产出版物的机构,都开展出版活动。

2. 期刊社

期刊社是主要出版期刊的出版单位。期刊社具有独立的法人资格,独立经营,单独核算,独立承担民事责任。

期刊社一般都有专门的部门或人员负责编辑、校对、美术设计、广告、印制以及发行工作,有些期刊社也委托其他单位办理期刊广告经营业务。

3. 非独立的期刊编辑部

有一些法人单位(包括出版社)出版期刊,但不设立期刊社,而是设立期刊编辑部来开展相应的出版活动。根据《出版管理条例》的规定,这些非独立的期刊编辑部也被视为出版单位。

这类出版单位不具有法人资格,其民事责任由主办单位承担。它的内部机构设置方面与期刊社基本相似,但一般规模较小,工作人员常兼顾承担多种职责。

上述各种出版单位的设立,都要经过审批。出版单位必须在所出版的出版物上标明自己的名称,表明享有合法的出版权,并对其承担相应的责任。

(二)制作单位

制作单位是对精神生产内容进行技术加工处理,制成能够据以批量复制的、具有一定物质形式的"母版"的专门单位。

1. 纸介质出版物的制作单位

图书、期刊等纸介质出版物的制作单位,根据出版单位提出的技术要求按照原稿进行排版、改样,最终输出可供晒制印版的排版胶片(或计算机排版文件)。在纸介质出版物的生产过程中,制作工作可以由出版单位内部的制作部门完成,也可以委托印刷厂或专职排版公司完成。专职排版公司作为纸介质出版物的制作单位,其作用和地位日益明显。专职排版公司以专业化的队伍和水平,为出版单位按时完成高质量的书稿排版、改样、输出服务,有些甚至还能为出版单位提供专业的校对服务。

2. 音像制品的制作单位

音像制品的制作单位根据音像制品的设计要求,使用一定的设备将音频、视频信号录制下来,再通过剪辑、合成等,制成原版带或原版盘,可供复制工厂翻制母带或工作母盘。音像出版单位可以自己制作音像制品,也可以委托音像制作单位制作。音像制品制作单位的设立实行审批制,批准的,颁发《音像制品制作许可证》。音像制品的制作主要由导演、录音师、摄像师、监听、音像制品的责任编辑等负责。音像制品分录音和录像制品两种,录音制品大多在具有良好声学条件的录音棚里录制,录像节目则需要由编剧、策划、导演、摄像师、灯光等许多工作人员组成摄制组来完成。

3.电子出版物的制作单位

电子出版物的制作单位,根据电子出版物总体设计的要求,使用计算机和相应的软件对文字、图片、音频、视频、动画等作必要的处理后,集成为原版盘,供复制工厂翻制翻录母盘以及压模盘。随着数字出版产业的发展,从事电子出版物制作的单位越来越多。出版行政主管部门对从事电子出版物制作的单位实行备案制管理。

(三)印刷复制单位

印刷复制单位是从事出版物物质生产的单位,包括印刷厂和音像制品、电子出版物的复制工厂等。印刷复制单位一般接受出版单位的委托,根据出版单位提供的原稿(原版盘、原版带等),利用一定的物质材料和生产技术,批量印刷或复制出版物。

(四)发行单位

发行单位是通过商品交换将出版物传送给消费者的经营单位,主要包括总发行单位、批发单位和零售单位。总发行单位和批发单位可兼营零售业务,但零售单位只能经营零售。

发行单位一般设有采购、物流、仓储、销售等业务部门。

(五)出版专业教育单位

出版专业教育单位是为出版业培养人才的机构。它们一方面向出版、制作、印刷复制、发行单位提供经过系统专业教育的人才,另一方面还肩负着对各类在职人员进行继续教育的任务。

出版专业教育单位有四大类:一是设有出版专业的普通高等院校;二是出版专业类普通高等院校;三是出版专业高等与中等职业技术学校;四是进行继续教育的各种新闻出版教育培训机构。

（六）出版专业科研单位

出版专业科研单位是指专门从事出版科学研究工作的单位，主要包括对编辑、印刷复制和发行等方面的理论与实践进行研究的各种研究机构。其研究成果主要服务于出版行政主管部门决策，推动出版实践发展与技术进步。

第二节　出版人员

劳动力是生产力的第一要素，比资金、设备和场所更加重要。对于作为文化创意产业的出版业来说，人力资源的作用更加突出。

出版人力资源即出版业的从业人员，包括各种专业技术人员和一般人员。各种专业技术人员是出版业人力资源的重要组成部分，其中出版专业技术人员承担着出版单位的主要生产任务，最具行业特色。本书主要介绍出版专业技术人员。

一、出版专业技术人员

按承担工作任务的不同，出版专业技术人员分为编辑人员、技术编辑人员和校对人员三大类。

（一）编辑人员

编辑人员主要负责对出版物精神文化内容进行把关、提升和优化。

按所编辑的出版物种类的不同，编辑人员可以分成图书编辑、期刊编辑、音像制品编辑、电子出版物编辑、互联网出版物编辑等。按所编辑出版物内容的学科范围的不同，编辑人员可以分成社会科学编辑、文学编辑、辞书编辑、科技编辑等。按照编辑工作内容的不同，编辑人员可以分成文字编辑与美术编辑。

编辑人员的专业技术职务有初级、中级和高级三个级别。其中，助理编辑为初级专业技术职务，编辑为中级专业技术职务，副编审和编审为高级专业技术职务。

按照《出版专业人员职务试行条例》，助理编辑、编辑、副编审和编审的主要职责如下：

1.助理编辑

协助编辑进行工作;在编辑指导下,搜集整理有关学科的情报、信息,练习组稿;在编辑指导下,初审和加工稿件,或独立发稿;检查样书,练习撰写书讯、书评;分担编辑室内其他工作。

2.编辑

搜集研究本学科的学术动态和编辑出版信息,提出选题设想,进行组稿;独立审读、加工整理稿件,检查自己承担责任编辑的书籍成品;做好图书宣传工作,撰写书讯、书评;总结编辑工作经验,指导、培养助理编辑。

3.副编审

搜集研究有关学科的学术动态和编辑出版信息,提出改进编辑工作的建议或方案;制定选题规划,指导有关编辑人员组织实施;担任重要书稿的责任编辑;复审或终审某些重要稿件,解决审稿中的疑难问题;对有关图书进行评论;总结编辑工作经验,撰写编辑学(或校对学、技术编辑学)方面的论著或教材,指导和培养专业人才。

4.编审

搜集和研究有关学科的学术动态和编辑出版信息,提出编辑出版工作的建议或方案;制定选题计划和组稿计划,组织社会力量或有关编辑人员实施;终审某些重要稿件,或经总编辑授权签发某些稿件;必要时对重点书稿进行审查、加工;总结编辑工作经验,撰写编辑学方面的论著或教材,指导和培养专业人才。

(二)技术编辑人员

技术编辑人员主要负责出版物的形态设计,并监督制作复制单位,以保证生产过程的质量。

专职从事图书、期刊技术编辑工作的技术编辑人员,其专业技术职务分初级、中级、高级三种。其中,技术设计员和助理技术编辑为初级专业技术职务,技术编辑为中级专业技术职务,技术副编审为高级专业技术职务。

按照《出版专业人员职务试行条例》,技术设计员和助理技术编辑、技术编辑的主要职责如下:

1.技术设计员和助理技术编辑

技术设计员要在技术编辑指导下,承担一般书稿的技术设计、印制设计,或插图、制图工作;助理技术编辑要在技术编辑指导下,承担一般书稿或复杂书稿的技术设计、印制设计,或插图、制图等工作。

2.技术编辑

承担重要或复杂书稿的技术设计工作;研究选择特殊书稿的设计方案;解决有

关疑难问题,指导助理技术编辑、技术设计员进行工作。

(三)校对人员

校对人员主要负责监督制作单位所提供的出版物样本(校样、样带、样盘等)在内容上是否符合原稿,在形式上是否符合设计要求,并且还协助编辑人员弥补原稿中可能遗留的错误或疏漏。

专职从事校对工作的校对人员,其专业技术职务分初级、中级、高级三种。其中,三级校对和二级校对为初级专业技术职务,一级校对为中级专业技术职务,高级校对为高级专业技术职务。

按照《出版专业人员职务试行条例》,三级校对和二级校对、一级校对的主要职责如下:

1.三级校对和二级校对

三级校对要在一级校对的指导下,承担一般书稿的责任校对和核对付型工作;二级校对承担一般或复杂书稿的责任校对和核对付型工作。

2.一级校对

承担各种复杂书稿的校对和核对付型工作;检查"三校"质量,解决校样中的疑难问题;指导二级校对、三级校对进行工作。

二、出版专业技术人员职业资格要求

为加强出版专业技术队伍建设,提高出版专业技术队伍的整体素质,规范出版物市场的管理,保证出版物的质量,2001 年 8 月,人事部、原新闻出版总署颁布了《出版专业技术人员职业资格考试暂行规定》,并从发布之日起,对出版专业技术人员实行全国统一的职业资格考试制度。出版专业资格分为初级、中级和高级三个级别。取得初级资格,作为从事出版专业岗位工作的上岗证,可以根据《出版专业人员职务试行条例》有关规定,聘任助理编辑(助理技术编辑或二级校对)职务;取得中级资格,作为出版专业某些关键岗位工作的必要条件,可以聘任编辑(技术编辑或一级校对)职务;高级资格(编审、副编审)实行考试与评审相结合的评价制度。

根据 2007 年原新闻出版总署颁布的《出版专业技术人员职业资格管理规定》,初级、中级职业资格通过全国出版专业技术人员职业资格考试取得,高级职业资格通过考试,按规定评审取得。凡在出版单位从事出版专业技术工作的人员,必须在到岗 2 年内取得出版专业职业资格证书,并按规定办理登记手续;否则,不得继续从事出版专业技术工作。在出版单位担任责任编辑的人员必须在到岗前取得中级以上出版专业职业资格,并办理注册手续,领取责任编辑证书。在出版单位担任社长、总编辑、主编、编辑室主任(均含副职)职务的人员,除应具备国家规定的任职条件外,还必须具有中级以上出版专业职业资格并履行登记、注册手续。

第三节　出版行政管理

出版行政管理是指政府有关部门依法对出版活动,包括出版物的出版、印刷或者复制、进口、发行进行管理。我国出版行政管理的根本任务是:发展和繁荣中国特色社会主义出版事业,保障公民依法行使出版自由的权利,促进社会主义精神文明和物质文明建设。出版行政管理由出版行政主管部门负责实施。

一、出版行政主管部门

出版行政主管部门指主要负责实施出版行政管理的政府部门。

我国对出版业的行政管理实行中央和地方分级管理。国务院颁布的《出版管理条例》,对各级出版行政主管部门的基本职责作了明确规定。

国家新闻出版广电总局是国务院新闻出版、广播影视行政主管部门,负责对全国的出版活动等进行监督管理。国务院其他有关部门按照国务院规定的职责分工,负责有关出版活动的监督管理工作。县级以上地方各级人民政府负责出版管理的行政部门,负责本行政区域内出版活动的监督管理工作。县级以上地方各级人民政府其他有关部门在各自的职责范围内,负责有关出版活动的监督管理工作。

二、实施出版行政管理的依据

出版行政主管部门进行出版行政管理必须依据各种法律规范。出版行政管理依据的法律,首先是《中华人民共和国宪法》,其次是各种法律,如《中华人民共和国民法通则》《中华人民共和国著作权法》《中华人民共和国广告法》《中华人民共和国国家通用语言文字法》,等等。

出版行政管理还依据国务院颁布的行政法规,构成出版行政管理行政法规基本框架的有七个条例,即《出版管理条例》《音像制品管理条例》《印刷业管理条例》

《计算机软件保护条例》《中华人民共和国著作权法实施条例》《著作权集体管理条例》和《信息网络传播权保护条例》。对于出版活动最重要的行政法规是《出版管理条例》，它系统全面地对各种出版活动作了规定。

国务院各部门制定的部门规章，也是实施出版行政管理的依据。目前，我国出版行政管理的重要部门规章有《图书质量保障体系》《图书质量管理规定》《期刊出版管理规定》《音像制品出版管理规定》《电子出版物管理规定》《互联网出版管理暂行规定》《出版物市场管理规定》《图书、期刊、音像制品、电子出版物重大选题备案办法》《关于严格禁止买卖书号、刊号、版号等问题的若干规定》《出版文字作品报酬规定》《出版专业技术人员职业资格管理规定》等。

三、国家对设立出版物生产经营单位的管理

我国对出版物生产经营单位实行资质准入制度，也称为"法人准入"制度，即出版单位、印刷复制单位和发行单位等的设立需要经过出版行政主管部门审批。如未经批准擅自设立出版物生产经营单位或者擅自从事出版物生产、发行业务的，国家将予以处罚。

(一)设立出版单位的审批

《出版管理条例》规定，报纸、期刊、图书、音像制品和电子出版物等都应当由出版单位出版。而设立出版单位，应当具备下列条件：

第一，有出版单位的名称、章程；

第二，有符合国务院出版行政主管部门认定的主办单位及其主管机关；

第三，有确定的业务范围；

第四，有30万元以上的注册资本和固定的工作场所；

第五，有适应业务范围需要的组织机构和符合国家规定的资格条件的编辑出版专业人员；

第六，法律、行政法规规定的其他条件。

审批设立出版单位，应当符合国家有关出版单位总量、结构、布局的规划，并按照法定程序办理审批手续。

(二)设立印刷复制单位的审批

国家规定，对于从事出版物印刷或者复制业务的单位，应当向所在地省、自治区、直辖市人民政府出版行政主管部门提出申请，经审核许可，并依照国家有关规定到公安机关或工商行政管理部门办理相关手续后，方可从事出版物的印刷或者

复制。

除了要求申请者具备一定的条件和履行一定的手续外,还要以是否符合国家有关印刷复制企业总量、结构和布局的规划为原则。国家实行印刷经营许可制度。未依照国家规定取得印刷经营许可证,任何单位和个人不得从事印刷经营活动。个人不得从事书刊印刷经营活动。设立从事书刊印刷业务、音像复制业务、电子出版物复制等业务的企业应该具备一定的条件,并遵循一定的法定程序进行申办。审批条件和程序参见《出版管理条例》《印刷业管理条例》及相关规章。

从事出版物发行业务的单位和个体工商户经出版行政主管部门批准,取得《出版物经营许可证》,并向工商行政管理部门依法领取营业执照后,方可从事出版物发行业务。

四、国家对出版物的管理

国家对于出版物的管理是多方面的。本节根据出版专业初级技术人员的特点,主要阐述国家对出版物的内容和图书质量的管理要求。

(一)对出版物内容的管理

国家对出版物内容的管理,主要体现在两个方面:一是支持、鼓励出版某些方面内容的出版物;二是禁止出版载有某些内容的出版物。

1.国家支持、鼓励出版的出版物

《出版管理条例》第五十五条规定,国家支持、鼓励下列优秀的、重点的出版物的出版:

第一,对阐述、传播宪法确定的基本原则有重大作用的;

第二,对弘扬社会主义核心价值体系,在人民中进行爱国主义、集体主义、社会主义和民族团结教育以及弘扬社会公德、职业道德、家庭美德有重要意义的;

第三,对弘扬民族优秀文化,促进国际文化交流有重大作用的;

第四,对推进文化创新,及时反映国内外新的科学文化成果有重大贡献的;

第五,对服务农业、农村和农民,促进公共文化服务有重大作用的;

第六,其他具有重要思想价值、科学价值或者文化艺术价值的。

这些规定从内容上明确了优秀的、重点的出版物的范围,体现了出版行政管理的导向。

2.国家禁止出版的出版物

《出版管理条例》第二十五条规定,任何出版物不得含有以下内容:

第一,反对宪法确定的基本原则的;

第二,危害国家统一、主权和领土完整的;

第三,泄露国家秘密、危害国家安全或者损害国家荣誉和利益的;

第四,煽动民族仇恨、民族歧视,破坏民族团结,或者侵害民族风俗、习惯的;

第五,宣扬邪教、迷信的;

第六,扰乱社会秩序,破坏社会稳定的;

第七,宣扬淫秽、赌博、暴力或者教唆犯罪的;

第八,侮辱或者诽谤他人,侵害他人合法权益的;

第九,危害社会公德或者民族优秀文化传统的;

第十,有法律、行政法规和国家规定禁止的其他内容的。

《出版管理条例》第二十六条规定,以未成年人为对象的出版物不得含有诱发未成年人模仿违反社会公德的行为和违法犯罪的行为的内容,不得含有恐怖、残酷等妨害未成年人身心健康的内容。

(二) 对图书质量的管理

原新闻出版总署于 2004 年 12 月颁布了经过修订的《图书质量管理规定》,适用于依法设立的图书出版单位出版的图书,但对于其他出版物的质量管理也有指导意义。国务院出版行政主管部门负责全国图书质量管理工作,依照本规定实施图书质量检查,并向社会及时公布检查结果。

图书质量包括内容、编校、设计、印制四项,分为合格、不合格两个等级。内容、编校、设计、印制四项均合格,成品图书的质量属合格;若四项中有一项不合格,成品图书的质量属不合格。内容质量按照《出版管理条例》第二十五、二十六条的规定执行。图书编校质量差错率不超过万分之一的图书属合格;差错率的计算按照《图书质量管理规定》的附件《图书编校质量差错率计算方法》执行。图书的整体设计和封面等设计均符合国家有关技术标准和规定,其设计质量属合格。符合《印刷产品质量评价和分等导则》规定的图书,其印制质量属合格。

对于出版编校质量不合格图书的出版单位,由省级以上新闻出版行政主管部门予以警告,可以根据情节并处 3 万元以下罚款。一年内造成三种以上图书不合格或者连续两年造成图书不合格的直接责任者,由省、自治区、直辖市新闻出版行政主管部门注销其出版专业技术人员职业资格,三年内不得从事出版编辑工作。

五、国家对出版单位业务活动的管理

为了保证我国出版业健康、顺利地发展,国家还对出版单位的出版活动进行一系列事前监督管理。本节根据出版专业初级技术人员的需要,介绍其中几项。

（一）书号和刊号

书号是主要用于图书、音像制品、非连续型电子出版物的标准化识别代码。中国标准书号由不同长度的 5 段共 13 位阿拉伯数字组成，段之间以短线隔开，前面冠以 ISBN 作为标志符，如"ISBN 978-7-5624-7954-3"。

刊号即"中国标准连续出版物号"，是主要用于报纸、期刊和连续型电子出版物的标准化识别代码。中国标准连续出版物号由国际标准连续出版物号和国内统一连续出版物号两部分组成。国际标准连续出版物号（International Standard Serial Numbering）由以"ISSN"为前缀的 8 位数字组成。国内统一连续出版物号（CN Serial Numbering）以"CN"（中国的国名代码）为前缀，由 6 位数字以及分类号组成。

（二）书号和刊号的使用规范管理

1.书号和刊号不能相互替代

书号、刊号和版号必须按照国家的规定用于相应的出版物上，不能相互替代使用，即不能用书号出版期刊（包括以丛书的名义变相出版期刊）、用刊号出版图书、用电子出版物专用的书号或刊号出版图书或期刊等。

2.禁止"一号多用"

根据 1994 年 11 月原新闻出版署发布了《关于禁止中国标准书号"一号多用"的规定》，对于多种图书使用同一个书号，以及多卷本的丛套书在每本卷册分别定价的情况下，全套书使用一个书号的行为予以禁止。规定指出，每一种不同形式的图书应分别使用一个 ISBN 编号，即同一种图书的不同装帧形式（精装、平装等）、同一种图书的不同版本（修订版、年度版）、相同内容的不同开本图书、相同内容的不同文字类别的图书，都应该单独使用书号。

（三）严禁买卖书号、刊号

凡是以管理费、书号费、刊号费或者其他名义收取费用，出让国家出版行政部门赋予的权力，给外单位或者个人提供书号、刊号和办理有关手续，放弃编辑、校对、印刷、复制、发行等任何一个环节的职责，使其以出版单位的名义牟利，均按买卖书号、刊号查处。

根据《出版管理条例》的规定，出版单位出售或者以其他形式转让本单位的名称、书号、刊号、版面，或者出租本单位的名称、刊号的，由出版行政主管部门责令停止违法行为，给予警告，没收违法经营的出版物，并处相应的罚款。情节严重的，责令限期停业整顿或者由原发证机关吊销许可证。

（四）重大选题备案

重大选题是指涉及国家安全、社会安定等方面的内容,对国家的政治、经济、文化、军事等会产生较大影响的选题。《出版管理条例》规定,涉及重大选题、未在出版前报备案的出版物,不得出版。

《出版管理条例》规定,重大选题备案的具体办法由国务院出版行政部门制定。原新闻出版署于1997年颁布《图书、期刊、音像制品、电子出版物重大选题备案办法》,规定了须报备案的15类选题范围。

第一,有关党和国家的重要文件、文献选题;

第二,有关党和国家曾任和现任主要领导人的著作、文章以及有关其生活和工作情况的选题;

第三,涉及党和国家秘密的选题;

第四,集中介绍政府机构设置和党政领导干部情况的选题;

第五,涉及民族问题和宗教问题的选题;

第六,涉及我国国防建设及我军各个历史时期的战役、战斗、工作、生活和重要人物的选题;

第七,涉及"文化大革命"的选题;

第八,涉及中共党史上的重大历史事件和重要历史人物的选题;

第九,涉及国民党上层人物和其他上层统战对象的选题;

第十,涉及前苏联、东欧以及其他兄弟党和国家重大事件和主要领导人的选题;

第十一,涉及中国国界的各类地图选题;

第十二,涉及香港特别行政区、澳门特别行政区和台湾地区图书的选题;

第十三,大型古籍白话今译的选题(指500万字以及500万字以上的项目);

第十四,引进版动画读物的选题;

第十五,以单位名称、通讯地址等为内容的各类"名录"的选题。

需报备案的重大选题,其范围不是一成不变的,出版行政主管部门将根据情况适时予以调整并公布。

第四节　我国出版工作的指导思想、方针原则和主要任务

　　我国出版工作的社会主义性质和它的行业特点,要求更加强调指导思想的重要性,强调贯彻执行正确的方针原则的重要性。

一、我国出版工作的指导思想

　　出版工作是文化工作的一部分。我国文化工作的指导思想,当然也就是我国出版工作的指导思想。2006 年 9 月,中共中央办公厅、国务院办公厅公布了《国家"十一五"时期文化发展规划纲要》,首次明确规定了我国文化工作的指导思想,这就是:"以马克思列宁主义、毛泽东思想、邓小平理论和'三个代表'重要思想为指导,以科学发展观为统领,牢牢把握社会主义先进文化的前进方向,紧紧围绕实现全面建设小康社会宏伟目标和构建社会主义和谐社会的要求,弘扬以爱国主义为核心的民族精神和以改革创新为核心的时代精神,树立新的文化发展观,解放思想、实事求是、与时俱进、开拓创新,发展面向现代化、面向世界、面向未来的民族的科学的大众的社会主义文化,不断满足人民群众日益增长的精神文化需求,努力培育有理想、有道德、有文化、有纪律的社会主义公民,提高全民族的思想道德和科学文化素质,促进人的全面发展和社会全面进步。"

　　《出版管理条例》也规定:"出版事业要坚持以马克思列宁主义、毛泽东思想、和邓小平理论为指导。"出版工作者要牢牢把握这个指导思想,在出版实践中始终贯彻。

二、我国出版工作的方针原则

(一)为人民服务、为社会主义服务

　　《出版管理条例》规定:"出版事业必须坚持为人民服务、为社会主义服务的方向。"出版工作坚持为人民服务,就要坚持贴近群众生活,用人民喜闻乐见的内容和形式,满足人民群众丰富多样的精神文化需要。

我国是社会主义社会,为人民服务与为社会主义服务密切联系在一起,成为不可分割的整体。社会主义是人民的根本利益所在,为社会主义服务,促进社会主义的繁荣昌盛,就是从根本上为人民服务。

(二)百花齐放、百家争鸣,古为今用、洋为中用

毛泽东指出:"百花齐放、百家争鸣的方针,是促进艺术发展和科学进步的方针,是促进我国的社会主义文化繁荣的方针。"出版工作必须执行"百花齐放、百家争鸣"的方针,这是"为人民服务、为社会主义服务"的必要条件。

在出版工作中贯彻"百花齐放、百家争鸣"的方针,就是要积极推动不同形式、不同风格的作品的创作,积极鼓励、支持不同的学术观点和不同的艺术、学术流派的成果。

出版工作还要在坚持"百花齐放、百家争鸣"方针的同时,坚持"古为今用、洋为中用"的方针。毛泽东指出:"向古人学习是为了现在的活人,向外国人学习是为了今天的中国人。"这就要求出版工作者要从我国的国情出发,认真分析、鉴别古代文化和外国文化,取其精华,去其糟粕,更好地发展我国的社会主义文化。

(三)将社会效益放在首位,实现社会效益与经济效益相结合

《出版管理条例》第四条规定:"从事出版活动,应当将社会效益放在首位,实现社会效益与经济效益相结合。"这是我国出版工作必须认真贯彻的重要原则。

出版工作者在工作实践中要正确处理好两个效益的关系,要始终把社会效益放在首位,多出精品力作,决不能片面追求一时的经济效益而牺牲社会效益。

(四)坚持质量第一

《中共中央、国务院关于加强出版工作的决定》指出:"出版部门要坚持质量第一,尽最大努力,把最好的精神文化食粮供给人民。各类图书都要力求做到选题对路,内容充实,都要力求有尽可能高的思想性、科学性或艺术性,反对粗制滥造。"原新闻出版署 1997 年颁布的《图书质量保障体系》指出:繁荣出版重在质量,把能否提高图书质量当作衡量出版工作是否健康发展、检验出版改革成功与否的重要标志。提高认识,强化管理,使出版朝着健康、有序、优质、高效的方向发展。

三、我国出版工作的主要任务

我国出版工作的根本任务,是促进社会主义先进生产力和先进文化的发展,满足人民群众日益增长的精神文化需求。具体地讲,主要有以下几项。

（一）建设社会主义核心价值体系

建设社会主义核心价值体系是我国出版工作的首要任务。建设社会主义核心价值体系，就是要宣传马克思列宁主义、毛泽东思想、邓小平理论和"三个代表"重要思想，深入阐释科学发展观，宣传中国特色社会主义共同理想，宣传以爱国主义为核心的民族精神和以改革创新为核心的时代精神。

（二）传播和积累科学文化知识，提高国家文化软实力

出版工作要努力传播和积累科学文化知识，促进"科教兴国"战略和"人才强国"战略的实施，不断提高国家文化软实力。在科学文化知识的传播和积累上，出版物承担着重要的任务。

（三）弘扬中华文化

继承民族文化中的精华，是建设中国特色社会主义文化的重要条件。中共十七大报告要求："中华文化是中华民族生生不息、团结奋进的不竭动力。要全面认识祖国传统文化，取其精华，去其糟粕，使之与当代社会相适应、与现代文明相协调，保持民族性，体现时代性。"通过出版物弘扬中华文化，是出版工作者义不容辞的责任。

（四）促进国际文化交流

中共十七大报告指出："加强对外文化交流，吸引各国优秀文明成果，增强中华文化国际影响力。"这是我国出版工作今后进一步促进国际文化交流、参与更加激烈的国际文化竞争所必须遵循的原则，我国出版工作在促进国际文化交流、扩大中华文化在国际上的影响力和竞争力方面肩负着更加重大的责任。

（五）丰富和提高人民的精神文化生活

广大人民群众既要求出版物能够帮助他们增长知识，有助于树立正确的世界观、人生观和价值观，又要求能从出版物中获得消遣性的愉悦，达到抒发感情、陶冶情操的目的，还要求出版物不断创新，提高质量，价廉物美。出版业必须适应和满足这些需求，多为人民提供健康有益、形式多样、足以满足和提高人民精神文化生活的优秀出版物。

小 结

在我国,出版业是中国特色社会主义事业的重要组成部分,在建设和传播先进文化,促进先进生产力的发展,满足人民群众精神文化需求方面担负着重要职责。我国出版业主要由出版单位、印刷复制单位、发行单位、制作单位、出版专业教育单位和出版专业科研单位等构成,而代表国家对出版业进行管理的是各级出版行政主管部门。

出版业的从业人员包括各种专业技术人员和一般人员。按承担工作任务的不同,出版专业技术人员分为编辑人员、技术编辑人员和校对人员三大类。

出版专业职业资格是国家对出版业从业人员从事出版专业技术工作所必备的素质和能力的认定,分为初级资格、中级资格、高级资格三个级别。

我国出版行政管理的根本任务是:发展和繁荣中国特色社会主义出版事业,保障公民依法行使出版自由的权利,促进社会主义精神文明和物质文明建设。出版行政管理由出版行政主管部门负责实施。

出版行政主管部门指主要负责实施出版行政管理的政府部门。国家新闻出版广电总局是国务院出版行政主管部门,负责对全国的出版活动进行监督管理。我国对出版业的行政管理实行中央和地方分级管理。国务院颁布的《出版管理条例》,对各级出版行政部门的基本职责作了明确规定。

我国对出版单位、印刷复制单位和发行单位等出版物生产经营单位的设立实行审批制,即:这些单位的设立需经出版行政部门审批;对未经批准擅自设立这些单位或者擅自从事出版物生产、发行业务的行为,国家要予以处罚。

国家对于出版物的管理是多方面的。国家对出版物内容的管理,主要体现在两个方面:一是支持、鼓励出版某些方面内容的出版物;二是禁止出版载有某些内容的出版物。图书质量包括内容、编校、设计、印制四项,分为合格、不合格两个等级。为了保证我国的出版业健康、顺利地发展,国家还对出版活动进行一系列"事前监督"性质的管理,如对书号、刊号及其使用规范实施严格的管理,如实行重大选题备案制度。

我国出版工作的社会主义性质和它的行业特点,要求更加强调指导思想的重要性,强调贯彻执行正确的方针原则的重要性。我国出版工作的方针原则有:为人民服务、为社会主义服务;百花齐放、百家争鸣,古为今用、洋为中用;将社会效益放在首位,实现社会效益与经济效益相结合;坚持质量第一。

我国出版工作的主要任务包括:建设社会主义核心价值体系;传播和积累科学文化知识,提高国家文化软实力;弘扬中华文化;促进国际文化交流;满足和提高人民的精神文化生活。

思考与练习

1. 我国出版业主要由哪些单位构成?

2. 我国出版专业技术人员分哪几类? 它们分别有哪几级专业技术职务? 各级专业技术职务的职责分别是什么?

3. 我国出版专业技术人员的职业资格有哪些级别? 分别可以承担哪些工作?

4. 我国出版行政部门有哪些?

5. 设立出版单位的条件有哪些?

6. 国家支持、鼓励出版的出版物有哪些?

7. 国家禁止出版的内容包括哪些?

8. 图书质量包括哪几项? 符合什么条件的图书才是合格的图书?

9. 什么是重大选题备案制度?

10. 书号、刊号有哪些使用规范?

11. 我国出版工作的指导思想和方针原则有哪些?

12. 我国出版工作的主要任务是什么?

第六章

世界出版概貌

学习目标

通过本章的学习,对世界七大主要出版市场有一个全面的了解,对世界主要出版大国的相关发展历史和现状有一个基本的认识。

知识要点

熟悉世界主要发达国家的出版历史和发展概貌;了解世界各大洲出版业较为发达国家的出版现状。

第一节　主要发达国家的出版概貌

由于政治、经济、文化、历史、地理等多种因素的综合影响,目前,世界出版业主要是以七种语言为出版语言,并形成七大主要出版市场。这七种语言是:英语、法语、汉语、西班牙语、德语、俄语和阿拉伯语。英语是世界上最主要的出版语言,英语出版市场也是世界上最重要的出版市场。全世界每年出版的图书约有 80 万种,其中 1/4 是用英语出版的。以美国、英国为代表的西方发达国家是当今世界的出版大国和出版强国,出版业极为发达。

世界主要发达国家不仅综合国力强盛,其出版业也独占鳌头、各领风骚。这些出版业的大国和强国主要有:美国、英国、德国、法国、日本等。

一、美国出版概貌

美国是世界上出版业最发达的国家,每年无论是出版的图书品种,还是图书产值,都长期居于世界首位。

(一)美国出版简史

美国的出版印刷活动要比欧洲国家晚将近两个世纪。1638 年,一名英国移民在美国开办了第一家印刷厂——剑桥印刷厂,印刷了美国历史上第一批单张的印刷品《自由民誓词》。1640 年,第一部书《圣经全书》印刷出版。

美国出版史上有两个较快的发展时期:一是 19 世纪中叶到 20 世纪 20 年代;二是第二次世界大战以后。

1865 年,美国南北战争结束。随着社会的安定和经济的迅速发展,美国出版业也步入一个快速发展的时期,美国许多大型出版公司都是在这一时期逐渐形成的。如阿伯里顿出版公司,其出版的《英语语法原理》,在当时仅有 2 000 万人口的美国,年销量已超过 100 万册,并且持续畅销多年。

第二次世界大战结束以后,大量科研、文化人才流入美国,极大地刺激了美国出版业的发展。目前,美国拥有全世界规模最大的出版业和出版市场。同时,美国的印刷技术一直处于世界领先地位,全国有独立的印刷公司 1 000 多家,主要集中在纽约、波士顿和费城,这三个城市也因此成为美国图书出版的中心。

(二)美国出版现状

美国出版企业的设立采用登记制,一般只要到所属地的政府部门登记后,即可成立出版企业或书店。目前,全美登记在册的大约有 6 万家出版机构,其中,每年出书 150 种以上、年销售额 3 000 万美元以上的大型出版社有约 150 家;每年出书 50 种以上的中型出版社有 1 000 多家;每年至少出书 1 种以上的有约 4 000 家。

大型出版社一般是集团型的。20 世纪 90 年代以来,全美最大的五大出版集团是:西蒙—舒斯特公司、时代出版集团、哈考特—布雷斯—朱万诺维奇出版公司、兰登书屋、读者文摘出版集团。其他著名的出版社还有历史悠久的哈珀·罗出版社、世界最大的教科书出版社麦格劳—希尔出版社等。随着全球出版业竞争的加剧,兼并重组日趋激烈。1998 年,兰登书屋并入了德国的贝塔斯曼集团。

美国出版社中除营利性出版社外,还有非营利性出版社。非营利性出版社包括:政府出版机构、大学出版社、全国性学术团体出版机构等。主要的政府出版机构有:隶属国会的政府印刷局、隶属商务部的全国情报处等。美国有大学出版社100 多家,著名的有:约翰斯·霍普金斯大学出版社、麻省理工学院出版社、哈佛大学出版社、加利福尼亚大学出版社、芝加哥大学出版社、普林斯顿大学出版社等。全国性学术团体出版机构有 600 多家,著名的有:美国化学会出版公司、美国航空与航天学会出版公司、美国物理学联合会出版公司等。非营利性出版社可以享受免税待遇。

2009 年,美国出书品种达 28 万多种,图书销售额 239 亿美元。美国出版的图书分为精装本图书、平装本图书、大众市场简装本三类,图书出版是美国出版业中最大的门类,占整个出版销售市场的 52%,期刊占 24%,报纸占 24%。最近数年,由于数字出版异军突起,美国电子阅读器市场增长强劲,年均复合增长率超过70%。同时,美国每年还有大量的图书出口到世界各国。2010 年,美国图书出口额已达 20 亿美元,占世界图书总出口量的 30%,是名副其实的图书出口超级大国。

美国图书的销售渠道众多,包括连锁书店、独立书店、专业书店、超市书店、网上书店等多种形式。美国最大的三大连锁书店是:巴诺集团、鲍德斯集团、百万书店。美国最大的网上书店是亚马逊。

2011 年 2 月,受网络书店冲击影响,美国第二大连锁书店鲍德斯集团正式申请破产保护。

二、英国出版概貌

(一)英国出版简史

英国图书出版的起步要晚于欧洲大陆的其他国家,1477 年,威斯敏斯特开设了第一家印刷厂,印刷出版了第一本图书《哲学家的语言与格言》。到 1500 年,英格兰只有 5 家印刷厂,全部集中在伦敦。

从 19 世纪初期开始,英国现代书业进入了大飞跃时期,出现了一大批新型的专业分工明确的出版公司,出版规模也成倍增长。18 世纪中期,英国每年出版 100种新书,19 世纪初增加到 600 种,到 19 世纪末已超过 6 000 种。

第二次世界大战结束以后,英国出版业恢复迅速,发展势头异常强劲,出现了一批大学、协会、政府部门的出版机构。20 世纪 70 年代以后,计算机技术开始普遍运用于出版、印刷行业,英国出版业进入了全球化、集团化、专业化、数字化的新时代。在世界英文版图书市场上,英国长期占据垄断地位,其版权贸易额一直居于领先地位。在世界书业格局中,英国与德国并列,为世界出版业中第二位的出版大国。

(二)英国出版现状

英国出版企业的设立采用登记制,对外资进入出版业不设限制,并对印刷出版物实行免税政策。目前,登记注册的出版社有 5 万多家,其中 90% 为中小出版社,而大型出版社主要是跨国传媒公司,两极分化现象比较严重。每年有一定规模出版量的出版社有 2 400 多家。

英国出版社大体分为五类:商业出版社、大学出版社、政府出版社、学会与协会出版社、专业出版社。商业出版社中著名的有:麦克米伦出版社、企鹅出版社、培生集团、培格曼出版集团、朗曼出版集团等;大学出版社中著名的有:牛津大学出版社、剑桥大学出版社、曼彻斯特大学出版社、利物浦大学出版社等;专业出版社中著名的有:丘吉尔·利文斯通出版社(医学)、乔治·哥德文出版社(建筑)、哥廉—朗曼出版社(地图)、布莱克维尔科学出版社等。随着出版业竞争的加剧,英国出版业中兼并重组现象频频发生。

英国出版的图书,根据内容不同可分为三大类:一般图书、教育图书和学术专业图书。2009 年,英国出版新书超过 12 万种,出版业总收入超过 30 亿英镑。其中,一般图书占销售总额的 74%,教育图书占 19%,学术专业图书占 7%。同时,英国还是一个图书出口的大国,图书出口的总量已经超过 2.8 亿册。出版业总收入中有 12 亿英镑来自海外市场,占其总收入的 40%。英国出版的《吉尼斯世界纪录大全》已经突破了图书的范畴,成为一个影响巨大的文化产业。超级畅销书《哈利·波特》问世以来,已被译成 30 多种文字,在全球的销量超过 5 亿册,成为世界出版业的一大奇迹。

英国人口只有 6 100 万,但年图书消费达 47 亿美元,人均近 80 美元,是一个行业高度发达、市场十分成熟的出版大国。伦敦是英国出版业的中心,绝大多数出版社集中在伦敦,另外在牛津、剑桥、爱丁堡和格拉斯哥也有一些重要的出版社。

英国图书的销售渠道众多,包括连锁书店、独立书店、超市书店、图书俱乐部、网上书店等。创立于 1904 年的伦敦福伊尔书店,是今日英国最大的零售书店。创立于 1879 年的牛津城布莱克韦尔书店,是今日英国最大的学术书店。创办于 1792 年的 W. H. 史密斯书店,是今日英国最大的连锁书店。

三、德国出版概貌

(一)德国出版简史

15 世纪中叶,谷登堡发明机械活字印刷术后,使图书的复制出版成为一个独立的行业,也奠定了德国出版业在世界的重要地位。16 世纪的宗教改革,伴随着以《圣经》为主要内容的图书的大量出版,图书阅读迅速普及化、世俗化,法兰克福、莱比锡一跃成为当时德国图书出版与交易的中心。

18 世纪,德国出现了一大批专业出版社,其中有将近 100 家出版社至今仍活跃在出版行业中。1825 年,德国书商协会在莱比锡成立,它不仅是德国最早、最大的出版商与书商的联合组织,而且还是德国第一部版权法和伯尔尼版权公约的发起者。1913 年,德国出版图书超过 3 万种,居世界首位。

第二次世界大战结束后,德国出版业恢复迅速,强劲崛起,目前已成为仅次于美国的世界第二出版大国。创办于 1949 年的法兰克福国际图书博览会,一年举办一次,是全世界规模最大的图书贸易盛会,有"图书奥运会"的美誉,每年达成的版权贸易额占世界全年贸易额的 75%。

(二)德国出版现状

德国出版企业的设立采用登记制,目前登记注册的出版社有 1.6 万多家。德国对图书出版实行扶持政策,对图书征缴的税收是其他商品的一半,仅为 7%。同时,德国实行严格的统一定价制度,严禁擅自打折销售。

德国出版社主要云集在汉堡、柏林、法兰克福、斯图加特、莱比锡等城市,这些城市由此成为名副其实的出版城。

汉堡是德国最大的新闻、出版中心,出版社星罗棋布,著名的有:以出版纯文学和专业书籍为特色的罗沃尔特出版社;以出版周销量超过 150 万册的《明镜》周刊为主的《明镜》杂志出版社;德国最有影响的烹调书出版者查贝·詹德曼出版社等。

柏林出版机构众多,著名的有:世界上最大的私营科技出版社施普林格出版公司;历史悠久的以学术著作出版为主的沃尔特·德·格鲁特出版社;德国最大的出版农业图书为特色的保罗·帕特出版社等。

法兰克福以举办国际图书博览会而享誉世界,全世界约 3/4 的版权交易在此举行,盛况空前。斯图加特拥有众多的出版社和印刷厂,其中最著名的是霍茨布林克出版集团。莱比锡拥有欧洲最大的教育图书馆,也是国际图书贸易的中心,每年举办包括"世界最美的书"等多项高水准的国际展会。总部设在慕尼黑的贝塔斯曼出版公司,拥有 5 万名雇员,50 家分公司,年营业额近 200 亿美元,是排名世界第一的出版集团。

德国图书出版体现为高度的法制化、专业化、规范化和网络化。2009 年,德国出版的新书超过 9 万种,居世界第 3 位,销售总额近 100 亿欧元,占欧洲市场约25%。与美、英等国相比,电子书市场的发展在德国稍显落后,市场拥有量不大。

德国人口仅有 8 200 万,但遍布全国的大小书店不计其数,图书销售网络非常完善。图书经销商 5 000 多家,平均每 1 万人拥有 1 家大规模的书店。德国书店按经营特点可分为七类:综合书店、专业书店、古旧书店、寄存书店、车站书店、百货公司内的图书部、进口图书书店等。

四、法国出版概貌

(一)法国出版简史

19 世纪中期,法国出版业经历了工业化改革。1864 年,阿谢特出版社一跃成为当时世界最大的出版商,并从此改写了法国出版业的历史。

20 世纪初期,法国出版业进入繁荣时期。1925 年,法国新书出版达到 1.5 万种。第二次世界大战结束后,法国出版业从废墟中崛起,发展势头迅猛。20 世纪中期及 21 世纪初期,法国出版业经历了 3 次大的兼并重组,出现了数个规模庞大的出版集团。

(二)法国出版现状

法国出版企业的设立采用登记制,目前登记在册的出版机构有 3 600 家,大的出版集团与中小出版社之间两极分化严重,排名前6位的大出版公司占有了3/4的市场份额。法国对图书出版实行税收优惠政策,一般商品需征收18.6%的增值税,而对图书只征收7%的增值税,对期刊只征收4%的增值税,对出口书刊免征增值税。

法国出版社大多数集中在巴黎和里昂,按规模可分为大型出版集团、中型出版集团和小型出版社三类。著名的大出版公司有:法国第一大出版集团、欧洲第二大出版集团的阿谢特出版集团;拥有法国最大教科书市场份额和工具书市场份额的拉加德尔出版集团;以出版词典、百科全书为主要内容的拉鲁斯出版社等。著名的科技出版社有:马松出版社、埃罗勒出版社、杜安出版公司等。著名的文学出版社有:加利马尔出版社、瑟伊出版社等。

法国每年出版的新书超过6万种。与美、英等国相比,法国电子书的销量还很有限,只占图书销售总量的1%。2009年,法国图书出版业的销售总额为176亿美元,占欧洲销售总额的17.9%。其中,图书销售额占43%,期刊占16%,报纸占41%。

法国图书的销售网点非常稠密,但分布不均衡,以巴黎的书店数量为最多。按经营属性可分四类:专营书店、图书代销店、书业集团、超市图书部。其中,最大的书业集团是佛纳克,全称为"全国购买联合会",其店中一般陈列图书有2万到13万种,比普通书店要多得多,因此深受读者欢迎。此外,许多大、中型出版社都有自办发行业务,参与到图书流通中去,出版商同时兼任发行商和批发商的角色。

五、日本出版概貌

(一)日本出版简史

在16世纪前,日本与西方世界是隔绝的。虽然七八世纪时,传自中国的造纸术和雕版印刷术使日本的图书出版得以实现,但那一时期的图书复制出版仅限于寺院,影响有限。

1543年,一群葡萄牙人到达日本,日本人第一次与西方世界有了接触。1591年,意大利传教士巴利尼亚诺把机械印刷术和铅活字带到了日本,并在长崎开设印刷所,印刷出版基督教书籍。这为日本出版业的发展提供了重要条件。

17世纪,日本出版业开始形成,主要集中在京都、大阪、江户三个城市。1868年,明治天皇即位,实行明治维新,吸收西方新思想和新技术,日本的现代化开始提速。从1868年开始,日本出现了翻译出版西方图书的高潮,这一出版活动持续了20多年。1890年前后,日本的年出书种数仅次于德国。

20世纪60年代,日本出版业受国内经济高速成长的推动,发展势头也非常强劲,很快步入鼎盛时期,成为世界出版大国。但 1997 年开始,受日本经济持续低迷的影响,出版业也徘徊不前,步入萧条时期。

(二)日本出版现状

日本出版企业的设立采用登记制,目前登记注册的出版社有 4 000 多家。其中,年出书在 100 种以上的大型出版社仅有 70 多家,大多数出版社年出书在 40 种以下。从雇员人数看,1 000 人以上的大型出版社有 25 家,100 人以上的有 300 多家,人数在 10 人以下的有 2 000 多家。

日本出版社 80% 以上集中在东京,其余的分布在大阪、京都、神奈川、琦玉等城市。著名的出版社有:创办于 1909 年,年出版新书品种最多、以出版综合性图书为主的讲谈社;创办于 1922 年,以出版杂志、辞典为主要特色的小学馆;以出版文学和社会科学类图书为主的综合性出版社岩波书店;以出版百科全书和大众读物著称的平凡社;以勇于创新闻名的后起之秀德间书店。其他知名出版社还有:角川书店、新潮社、集英社、近代文艺社、学习研究所、实业之日本社等。

日本每年出版新书超过 7 万种,产值达 300 多亿美元。日本人口 1.62 亿,一年人均书刊消费达 40 多册,处于世界领先地位。日本出版业有一个其他国家较为少见的"刊高书低"的现象,每年来自于期刊的收益,要占出版业总收益的 75% ,期刊与图书的销售比率约为 7:3。

日本图书的销售网络非常发达,有 2.7 万多家书店,平均每 4 000 多人就拥有一个书店。东京的书店密度最高,有 8 000 多家书店,还有许多兼卖图书的杂货店。日本最著名的大型零售书店有:八重洲图书中心、东京堂等。日本最大的连锁书店有:纪伊国屋书店、丸善书店、旭屋书店、三省堂书店、芳林堂书店等。2000年,世界最大的网络书店——美国亚马逊书店登陆日本,开设了日语版的亚马逊网络购书平台。目前,其拥有的读者数已经超过了 2 000 多万人。

第二节　世界各大洲的出版概貌

世界各大洲出版业的发展并不均衡。欧洲、美洲处于领跑位置;亚洲近年来急起直追,发展势头迅猛;非洲出版业的发展相对滞后。

一、欧洲出版概貌

欧洲是当今世界经济、文化最发达的地区,与之相对应的出版业也非常兴盛。欧洲每年出版的图书品种总量高居世界首位,市场总值占全球的1/3,位居第二。

(一)意大利出版概貌

意大利登记在册的出版社有3000多家,每年出书100种以上的出版社有近500家,主要集中在北部城市米兰。其中,总部位于米兰的蒙达多里出版集团是意大利最大的出版集团,年营业额超过13亿美元。其他著名的出版社有:里佐利出版集团、阿德尔菲出版社、朗加尼西出版集团、加桑蒂出版集团、拉特萨出版社、菲尔特里尼利出版公司、萨加托尔出版集团等。

意大利政府对图书出版业实行免税政策。20世纪90年代,意大利政府还颁布法令,延长作品版权保护期限,版权失效从作者去世满50年延长为作者去世满70年。

意大利年出版新书5万多种,其中2/3是引进版权的翻译书。意大利是一个图书版权的输入大国,但同时,在绘画艺术类图书和插图读物的版权出口方面,数量也比较多。

(二)西班牙出版概貌

西班牙登记在册的出版社有3 000多家,每年出书10种以上的有900多家,规模较大的出版集团有20家,主要集中在马德里和巴塞罗那两个城市。西班牙最大的出版企业是普拉内塔出版集团,年营业额超过10亿美元。其他著名的出版社有:艾迪西尼斯出版公司、格里加宝·蒙达多里出版公司、阿那亚出版集团、桑迪拉那出版集团等。

西班牙年出版新书超过8万种,在世界版权进出口贸易上表现活跃。西班牙的图书出口主要面向以智利、墨西哥、阿根廷为主的拉美市场。

(三)荷兰出版概貌

荷兰现有出版社500多家,其中大型出版社有23家,主要集中在阿姆斯特丹、海牙、乌得勒支等城市。荷兰最大的10家出版社年出书种数占全国出书种数的60%。著名的出版社有:莫伦霍夫出版集团、维恩出版集团、荷兰联合出版公司、爱思唯尔科学出版公司等。

荷兰政府对出版业实行税收优惠政策,一般商品需缴纳19%的增值税,而书刊只征收5%的增值税。

荷兰年出版新书3万多种,绝大多数是英语出版物。对一个人口仅1 500多万的小国来说,荷兰的出版业相当发达,尤其在科技期刊的出版与发行方面,堪称世界强国。据统计,在全世界核心科技期刊中,荷兰出版的科技期刊仅列于美、英、德三国之后,位居第四。

荷兰拥有上千个读书俱乐部,最大的有三家:荷兰图书俱乐部、欧洲国际俱乐部、荷兰读者圈。荷兰读书俱乐部图书的营业总额约占全国图书营业总额的20%。荷兰最主要的连锁书店是:AKO连锁书店、布鲁纳连锁书店、BGN连锁书店。荷兰最主要的网上书店是:Blo. com。

(四)俄罗斯出版概貌

苏联时期,全国有出版社300多家,书店6万多家,印刷企业4 400多家,年出版图书约在7万种。

1991年12月,苏联解体,俄罗斯出版业也因此一蹶不振。直到1996年,俄罗斯出版业才渐渐适应了市场经济的发展模式,图书出版品种和数量开始回升。进入21世纪后,随着经济的恢复,俄罗斯出版业也恢复了元气。目前,俄罗斯有出版社7 000多家,著名的有:埃克斯摩出版社、阿斯特出版集团、莫斯科俄语出版社、德罗发出版社等。

俄罗斯政府为促进出版业的发展,在税收上出台了许多保护性政策,如:对期刊发行免征增值税;对新闻媒体编辑部免征增值税;对部分传媒产品免征销售利润税等。

俄罗斯年出版新书12万种。著名的书店有:全球书目书店、莫洛达亚·格瓦迪亚书店、莫斯卡娃书店等。

(五)北欧四国出版概貌

北欧四国瑞典、芬兰、挪威、丹麦经济繁荣,文化发达,社会安定,四国出版业也呈现出持续稳定的发展态势。

瑞典有出版社200多家,其中大型出版社有10家,主要集中在斯德哥尔摩、哥德堡两个城市。著名的出版社有:埃塞尔特出版公司、博尼埃尔出版公司、利伯尔公司、自然与文化图书出版公司。瑞典年出版新书超过3万种。瑞典唯一的全国性图书发行中心是塞利格公司;唯一的全国性报刊发行中心是瑞典报刊局。瑞典著名的大书店有:学术书店、埃塞尔特书店。最大的图书俱乐部是布拉图书公司。

芬兰有出版社300多家,其中大型出版社有9家,主要集中在赫尔辛基、于韦斯屈莱、海门林纳等城市。著名的出版社有：韦尔内·瑟代尔斯勒姆·奥萨凯蒂厄出版社、库斯坦努索萨凯蒂厄·奥塔瓦出版社、阿梅吕蒂马·韦林出版社等。芬兰年出版新书1万多种。芬兰共有500多家书店，著名的大书店有：学术书店、芬兰书店。

挪威有出版社70多家，其中大型出版社有10家，主要集中在奥斯陆。著名的出版社有：H.阿斯克豪格出版公司、于尔登达尔挪威出版公司、J.W.卡佩伦斯出版公司等。挪威年出版新书约5 000多种。挪威共有400多家书店，著名的大书店有：坦尼姆集团公司、奥拉夫·诺尔利斯书店。

丹麦有出版社1 000多家，其中大型出版社有75家，主要集中在哥本哈根。著名的出版社有：艾格蒙特出版集团、居伦达尔出版集团、蒙斯加尔国际出版公司、新北欧出版社、斯克里普特尔出版公司等。丹麦年出版新书1万多种。丹麦共有500多家书店，著名的大书店有GAD书店等。

北欧四国政府对出口出版物实行免税，但对在国内流通的出版物征收20%左右的增值税，其中，丹麦的图书增值税最高，为25%。

北欧四国的图书俱乐部非常发达，在丹麦，60%的家庭加入了图书俱乐部；瑞典则有40%的家庭参加图书俱乐部。图书俱乐部的营业额一般占该国年营业总额的20%。

二、亚洲出版概貌

亚洲出版业近年来发展迅速，每年出版的图书品种占全球的1/4，排名世界第二。市场总值占全球1/4不到，位居第三。

（一）印度出版概貌

1947年独立以后，印度本土出版业得以摆脱英国人的控制，确立了自己的地位。今天，印度是世界上图书出版品种最多的国家之一。

印度现有出版社1.6万多家，较为活跃的出版社有3 000家，其中，年出书品种超过100种的有20家，年出书品种在10种以上的有300家。印度出版社主要集中在孟买、新德里和德里三个大城市，年出书品种占了全国一半。印度许多大型出版社都是国际出版集团在印度设立的分支机构，本土著名的出版商有：联合出版公司、维卡斯出版公司、红鹿袖珍丛书出版公司等；主要的政府出版机构有国家图书托拉斯、萨希蒂亚科学院、新闻与广播部出版处等。

印度民族众多，语言复杂，全国共有1 652种语言和方言，其中使用人数超过百万的有33种，如印地语、乌尔都语、泰米尔语、那加语等。英语和印地语同为官方语言。印度是世界上唯一用 24 种语言出版图书的国家,也是仅次于美国、英国的第三大英语图书出版国,每年出版的图书超过 8 万种,其中,英语和印地语图书数量最多,各占约 30%。印度每年 70% 的出版物由各种图书馆购买,普通读者的图书消费水平较低。

印度共有 1 500 多家书店,著名的连锁书店有:牛津书店、克劳斯伍兹书店、地标书店。

(二)韩国出版概貌

韩国的现代出版业始于 1953 年朝鲜战争结束之后,从废墟中起步,但发展速度极快。

韩国出版企业的设立采用登记制,目前登记在册的出版社超过 2.5 万家,年出版 1 种以上图书的出版社有 1 700 多家,70% 以上的出版社集中在首尔。著名的出版社有:时空出版社、民音出版社、兰登中央出版社、熊津出版社等。

韩国年出版新书超过 4 万种,其中,翻译图书占 30%。引进版图书中以日本、美国的图书数量最多。同时,韩国图书的版权输出也极为活跃。

韩国现有书店 3 000 多家,在网上书店的冲击下,实体书店的数量正逐渐减少。著名的网上书店有:Yes 24、Morning 365、教保文库网上书店等。

(三)我国台湾、香港地区

1945 年 8 月日本投降之前,台湾地区几乎没有中文出版社,几家较有影响的出版社均由日本人经营。抗战胜利后,台湾地区第一个由中国人创办的出版社诞生,这就是东方出版社。1947 年后,内地的一些重要出版社如商务印书馆、中华书局、世界书局、正中书局等,陆续在台湾设立分支机构,成为台湾地区出版业的中坚力量。1987 年,台湾解除了长达近 40 年的戒严令,开放报禁,实行自由出版,使台湾地区出版业无论内容,还是数量,均有了较大的改观。

台湾地区现登记在册的出版社有 7 000 多家,年出版新书在 50 种以上的大、中型出版社有 20 多家,年出版新书在 1 种以上的有 2 000 多家,70% 以上的出版社集中在台北,其余分布在台中、台南和高雄。著名的出版社有:台湾商务印书馆、联经出版公司、皇冠出版社等。

台湾地区年出版新书 4 万多种,其中,文学和社会科学类图书数量较多。台湾地区现有书店 2 000 多家,著名的连锁书店有:金石堂书店、金玉堂书店、新学友书店、诚品书店等。

香港地区地理位置特殊,长期华洋杂处,英语使用普遍,印刷业极为发达,许多著名的国际出版集团都把香港作为亚洲总部的所在地。同时,内地和台湾地区的出版业对香港地区也有着重要影响。

香港地区有出版社 300 多家,其中,内地在香港设立的分支机构较为活跃,如:商务印书馆香港分馆、中华书局香港分局、三联书店香港分店等;其他主要的出版社还有:万里书店有限公司、新雅文化事业有限公司、万源图书公司、中流出版社有限公司、香港世界出版社、香港青年出版社等。

香港地区年出版新书 9 000 多种,年进口图书超过 2 万种。丰富的图书品种,充分满足了香港地区 700 万市民的阅读需求。香港地区现有书店 1 000 多家,由于竞争非常激烈,门店租金十分昂贵,书店兼营文具百货成为普遍现象。主要的书店有:书得起书店、Page One 书店、辰冲书店、智源书局、洪叶书店、欧陆法文图书公司等。

三、大洋洲出版概貌

大洋洲国家大多数都有漫长的殖民文化历史,因此英语、法语、德语和西班牙语是许多国家出版物使用的语言。同时,欧洲出版业的国际集团在当地占有重要地位。

(一)澳大利亚出版概貌

19 世纪 20 年代,澳大利亚出版业开始起步,但本土出版业规模非常有限,是英国出版物最大的海外市场,英国、美国和其他欧洲出版业发达国家占据澳大利亚出版市场 90% 的份额。20 世纪 50 年代以后,由于经济的发展和教育图书需求的增加,澳大利亚的出版业有了快速发展,其目前占有的市场份额已从 10% 上升到了 50%。

澳大利亚现有出版社 2 000 多家,主要集中在悉尼和东南部的新南威尔士州、维多利亚州。澳大利亚出版企业两极分化严重,20 家最大的出版社的收入占总收入近 80%,而占出版物市场规模 1/3 的仅有 4 家出版企业:新闻集团、培生集团、励德国际集团、汤姆森出版集团。

澳大利亚年出版新书 8 000 多种,现已成为英语图书的出版大国。澳大利亚有书店 2 000 多家,其中连锁书店占了 60%。

(二)新西兰出版概貌

20 世纪初,新西兰图书市场依然是欧美等出版强国的天下,20 世纪 70 年代起,新西兰本土出版业有所发展。目前,本土出版业的市场份额已经上升到 30%。

新西兰现有出版社 300 多家,主要集中在奥克兰,其中,大多数是政府出版机构,而一般出版社规模均较小,年出书不到 50 种。新西兰最大的出版企业是政府出版局。其他主要的出版社有:威廉·柯林斯出版公司、戈登与戈奇出版公司等。

新西兰年出版新书 3 000 多种。政府对进出口图书免税,对在国内流通的出版物征收 10% 的增值税。新西兰最大的书店有:惠特库尔斯公司、伦敦书店等。

四、美洲出版概貌

美洲是世界上最大的图书市场,其市场总值占全球的 1/3 强,位居第一。每年出版的图书品种占全球的 1/4,排名第三。

(一)加拿大出版概貌

从 17 世纪到 19 世纪 60 年代,加拿大先后沦为法国和英国的殖民地,英语和法语是全国的通用语。因此,加拿大的出版物有英文和法文两种文本。20 世纪 70 年代后,在政府的支持下,加拿大本土出版社大量出现,出版业快速发展。

加拿大现有出版社 300 家,其中,英文出版社 188 家,法文出版社 112 家。英文出版社主要集中在英语区的安大略省,法文出版社主要集中在法语区的魁北克省。多伦多和蒙特利尔是全国的出版中心。著名的出版社有:麦克莱伦与斯图尔特出版公司、综合出版公司、麦克米伦出版公司、菲茨亨利与怀特赛德出版公司、多伦多大学出版社等。

加拿大年出版新书近 2 万种,其中 70% 是英文图书,30% 是法文图书。政府对图书出版实行免税政策。加拿大有书店 3 000 多家,连锁书店占了 60% 的市场份额,最大的连锁书店是查普特斯书店。

(二)巴西出版概貌

巴西是南美洲面积最大、人口最多的国家,近年来经济发展迅猛,与中国、俄罗斯、印度并称为"金砖四国"。20 世纪初,巴西的图书主要依赖从葡萄牙、法国进口。20 世纪 70 年代以后,巴西本土的出版业发展迅速。

巴西现有出版社 1 200 多家,主要集中在圣保罗、里约热内卢、阿莱格里港等城市。著名的出版社有:萨赖瓦图书出版与发行公司、圣保罗梅尔奥拉门托斯纸业公司、技术图书公司、文明巴西出版公司等。

巴西年出新书超过 2 万种。政府对图书实行免税政策。图书进出口贸易主要对象是葡萄牙。巴西共有书店约 500 家。

(三)墨西哥出版概貌

墨西哥出版业从第二次世界大战结束以后开始发展。目前,墨西哥拥有出版社 900 多家,主要集中在墨西哥城、蒙特雷、瓜达拉哈拉等城市。著名的出版社有:布鲁格拉出版公司、阿吉拉尔出版公司等。

墨西哥年出版新书超过 2 万种,政府对出版业实行免税政策。墨西哥现有书店 1 000 多家。

五、非洲出版概貌

非洲幅员辽阔,人口众多,但由于长期遭受西方殖民统治,独立之后,经济发展又极为缓慢,严重影响了非洲出版业的发展。非洲人口占世界总人口的 15%,但年出版新书数量只占世界出版物的 1.4%,2/3 的图书市场依赖进口,是世界图书出版数量最少的地区。

非洲图书主要用三种语言出版:阿拉伯语、英语、法语。主要的阿拉伯语出版国有:埃及、苏丹、利比亚、摩洛哥、突尼斯等;主要的英语出版国有:尼日利亚、津巴布韦、加纳、肯尼亚等;主要的法语出版国有:扎伊尔、阿尔及利亚、马达加斯加等。

埃及和尼日利亚是非洲的出版大国,两国每年出版的图书占全非洲出版物总量的 35%。

(一)埃及出版概貌

埃及现有出版社 300 多家,主要集中在开罗。著名的出版社有:知识出版社、新月出版社、安格鲁出版社等。主要的政府出版机构有:埃及图书总社、金字塔报出版社等。

埃及是世界上出版阿拉伯文图书的主要国家,年出版新书超过 9 000 种。政府对图书出版实行免税政策。

(二)尼日利亚出版概貌

尼日利亚现有出版社 160 多家,主要集中在拉各斯、伊巴丹等城市。主要的出版社有:非洲大学出版社、非洲教育出版社、约翰·韦斯特出版公司、光谱出版社等。

尼日利亚是非洲出版业较为发达的国家之一,年出版新书 1 000 多种。政府对图书出版免征消费税。

（三）南非出版概貌

南非是非洲经济最发达的国家,但贫富差距显著,出版业发展相对滞后,3/4的图书市场为跨国出版公司所拥有。南非有出版企业200多家,主要出版教育类图书。

南非年出版新书超过5 000种。开普敦国际书展是非洲最大的书展,创办于2006年,被誉为是非洲的小法兰克福书展。南非有书店500多家,主要的连锁书店有:中央新闻署连锁书店、南非专有图书公司等。

小　结

世界出版业主要是以英语、法语、汉语、西班牙语、德语、俄语和阿拉伯语七种语言为出版语言,形成了七大主要出版市场。其中,英语是世界上最主要的出版语言,英语出版市场也是世界上最重要的出版市场。以美国、英国、德国为代表的西方发达国家是当今世界的出版大国和出版强国,出版业极为发达。同时,亚洲、美洲、非洲等出版业相对薄弱的国家和地区,出版业发展的势头也非常强劲。

思考与练习

1.世界上最主要的出版大国有哪些? 各有什么特点?

2.近年来崛起的亚洲出版业的代表国家和地区有哪些? 各有什么特点?

3.美洲出版业较发达的国家有哪些? 各有什么特点?

4.非洲出版业较为发达的国家有哪些? 各有什么特点?

第七章

出版著作权贸易

学习目标

通过本章的学习,使学生对出版著作权贸易的相关知识有较全面的认知,从而深入了解著作权贸易在出版活动中的地位和重要性,通过掌握著作权贸易的基本操作流程和经营管理技能,为今后从事相关工作奠定初步基础。

知识要点

了解著作权贸易的内涵及其法律基础,掌握著作权贸易的特点及分类,熟悉国际出版博览会概况,掌握著作权代理的相关知识;了解获取著作权贸易信息的方式,掌握著作权贸易谈判的要点、合同的签订及执行;熟悉并掌握著作权贸易的经营管理方法。

第一节　著作权贸易概述

作为一种无形财产权的贸易,著作权贸易在我国又常被称为"版权贸易",它是知识产权贸易的重要组成部分。

广义而言,著作权贸易是指各种类型作品著作权的许可使用或者转让,包括国内及国际贸易。狭义的著作权贸易单指国际贸易,即通常所说的著作权引进及输出。根据我国出版业界工作实践及习惯,著作权贸易专指我国的著作权人、出版机构、著作权代理机构等与海外相关权利人与机构进行的贸易行为。需要指出的是,我国台湾、香港及澳门地区,因历史及社会制度等原因,大陆地区与之进行著作权贸易时,在坚持"一国两制"的前提下,相关管理要求与贸易操作,均与国际著作权贸易相同。

一、著作权贸易及其法律基础

在我国,通过作品的著作权(版权)许可使用或者转让以获取利益的贸易行为,其确切起始时间已不可考。就历史记载看,最早的著作权保护案例发生在宋朝,当时有一部名为《东都事略》的雕版图书,其版刻牌记上载有"眉山程舍人宅刊行,已申上司,不许覆板"的字样,表明当时官府已有了出版专有权的保护意识和行为。在欧洲,威尼斯的出版商曾于1469年获得为期5年的出版许可证,这是西方首个出版专有许可证。不过,这些早期的著作权保护范围仅限于一国之内,甚至这种保护只是区域性、暂时性的,并不能提供国际间著作权贸易的法律支持。

国际著作权贸易的真正出现的重要标志是,在各国或各地区的贸易主体之间达成共识,达成单边或多变的著作权保护协议,并以此为前提建构国际著作权保护条约。

19世纪,在西方一些著名作家的推动下,一些国家开始以双边协议形式达成著作权保护的区域性条约。1878年,在法国作家雨果主持下,巴黎成立了国际文学艺术协会。1883年,该协会向瑞士政府提交了一份国际著作权保护公约草案。1886年9月9日,瑞士政府在伯尔尼会议上通过了《保护文学和艺术作品伯尔尼公约》(Berne Convention for the Protection of Literary and Artistic Works,简称《伯尔尼公约》），这就是世界上第一个国际版权公约，其诞生标志着国际版权保护法律基础初步形成。1952 年，在联合国教科文组织的促进与主持下，《世界版权公约》签订；1986—1993 年，世界关贸总协定（世界贸易组织 WTO 的前身）最终达成《与贸易有关的知识产权协议》，将知识产权保护及贸易同世界经济贸易总体原则相结合，从而对世界政治、经济、文化产生了重大影响。

上述这些国际公约，确立的国际著作权保护的基本原则，主要有三个方面：

（一）国民待遇原则

国民待遇原则是指在同样的条件下外国人和本国公民所拥有的权利和义务一致，这是加入著作权保护国际公约的各成员国首先必须遵循的原则。

（二）自动保护原则

自动保护原则指享有并行使国民待遇的作者，其作品在国际公约各成员国中无需进行任何申请手续，著作权即自动受到保护，是国民待遇原则的具体保障。

（三）独立保护原则

独立保护原则指享有国民待遇的作者，其作品在公约的任一成员国中只能依据该国的国内法和公约的最低要求获得版权保护。在符合公约规定的最低要求的前提下，该作者的权利受到保护的水平、司法救济方式等，均受到提供保护的成员国的法律制约。它是国民待遇原则的具体体现。

我国于 1992 年 10 月加入《伯尔尼公约》及《世界版权公约》；1993 年 4 月，加入了《保护录音制品制作者防止未经许可复制其录音制品公约》；2001 年 11 月，加入世界贸易组织，并正式成为其成员。在此期间，我国先后制定并多次补充、修改了相关法律法规，使之在国际著作权贸易中规定更为细化、更具可操作性，为我国同世界各国、各地区进行著作权贸易提供了坚实的法律保障。

二、著作权贸易的特点及分类

（一）著作权贸易的特点

与一般商业贸易相比，著作权贸易具有非常鲜明的特征，这主要由著作权贸易客体权利属性，即无形的知识产权属性所决定。

1. 贸易的客体是无形的知识产权

一般商业贸易的客体，即贸易对象是纯粹物质形态的商品，但著作权贸易对象却是无形的知识产权,属于著作权中所指涉的各类财产权利。因此,这些权利尽管可以通过各种物质性产品形态加以体现,并进行商业销售,但其本质属性是相关作品创造者(拥有者)的人身权利与财产权利。由此,这些著作权中的财产权利通常可以根据作品的不同使用方式和形态,加以拆分、组合,成为不同的专项权利。比如一本图书的出版权就是由复制权和发行权组合而成,其中复制权又可分为一次性印制和重印(有限或无限)等权利。

一般而言,翻译权与出版权组合成的翻译出版权,是国际出版著作权贸易较常涉及的领域,但是使用同一种语言的国家,其贸易涉及的主要内容多在复制权和发行权。当前,随着互联网以及相应的数字出版的兴起,数字传播权毫无疑问地将成为著作权贸易的重要对象。

2. 贸易形态和方式的多样化

一般商品,往往通过约定购买、运输以及银货两讫等方式完成交易,且买方对商品的处置方式均与卖方无关。而知识产权贸易则不同,著作权可以被转让或许可使用其所有权、使用权,出售方需要通过契约来明确是否允许购买方向第三方转授所购得的权利;同时,购买方在通常情况下,必须对所购权利的作品完成相应的编辑、制作工序,并且通过市场销售获取利益。

在著作权贸易中,除非采取著作权永久转让的贸易形式,即著作权中财产权的所谓"一次性买断",通常买卖双方会对贸易的权利期限作出约定,买方只在约定的时间内享有著作权许可使用的权利。

在支付方式上,或者是购买方一次性向出售方支付约定价格,或者是双方采取版税形式结算,即购买方向出售方支付一笔预付金,其余部分通过购买方所生产的产品的实际销售数进行结算。一般而言,后者更为普遍。

(二)著作权贸易的一般分类

著作权贸易依据其贸易形式,一般分为两种类型:许可使用和转让。前者又分为专有许可和非专有许可两种形式;后者则分为约定期限的转让和永久性转让两种形式。无论采取哪种类型的贸易,都应该通过事先约定并严格履行契约(合同)而实现。

1. 著作权许可使用

著作权贸易中,"许可使用"意味着著作权主体不变,即著作权仍归许可人所有。贸易双方一般通过契约规定许可使用的范围和地域;未经著作权人许可,被许可人所取得的一切有偿使用权利,均不得擅自许可第三方使用。著作权许可使用是我国著作权人、出版机构同海外著作权人及出版机构进行著作权贸易时较常使用的形式,可分为专有许可和非专有许可两种情况。

专有许可指著作权贸易双方在契约规定之下,被许可方以独占方式使用相关权利,其他方不能再获得相关授权。但也存在另一种情形,即贸易双方通过契约规定,在相应期限内允许被许可方将相关权利许可本国第三方使用,这种情况称为"分许可"。专有许可一般较多运用于图书出版领域,分许可在我国相对运用较少,国外较为常见,如获得相应专有许可授权的出版公司,依据约定还可分许可给其他公司出版"图书俱乐部版""廉价平装本版"等同一图书的不同产品形态。

非专有许可指被许可人获得的是非独占方式使用权利,也就是说,许可人还可以将该权利授予其他人使用。通常情况下,篇幅较小的图片、诗歌等作品,以及数字出版作品等一般采取非专有许可授权。

需要说明的是,被许可人取得专有使用权,当其权利受到侵害时,可以自己的名义主张权利;非专有使用权许可人遇到同样情况,则不能以自己的名义主张权利。

2. 著作权转让

著作权转让指著作权人将著作权某类财产权利全部或者部分转让给他人的形式。转让可以是临时性的有期限转让,也可以是永久性转让。临时性转让中,受转让人在贸易双方契约规定的时间内,成为相关权利的所有人;而永久性转让的受转让人,则成为相关著作权的新权利人,可以自由处置相关权利获取收益。永久性转让不多见,常见形式是著作权无偿赠予;而受转让人买断性的永久转让较罕见,不少国家都立法予以禁止。

著作权转让必须通过契约予以确立。转让完成后,由于受转让人成为相应权利的所有权持有者,在契约规定的有效(有限或永久)时间内,既可以自己使用该权利,也可以转让其他人或许可他人使用。一旦相应权利受到侵害,受转让人可以对侵权人主张权利。

三、国际出版博览会

自20世纪初开始,随着国际著作权贸易的全面开展,国际出版博览会已日益成为各国各地区之间交流出版信息、洽商著作权贸易的平台。近年来,随着现代通信及互联网信息技术的发展,著作权信息交流和日常贸易洽商、交易等工作已逐步网络化、日常化,加之国际数字出版已经日益兴盛,因此,以实体出版物展示为主的博览会,尽管其著作权信息深入交流以及著作权产品的直观展示作用依旧重要,但博览会的整体功能及其形态确实将面临调整。

世界最早的图书贸易集会出现在中世纪后期,在欧洲德国的莱茵河畔的法兰克福、莱比锡及法国的里昂等城市,书商、印刷商定期聚会,以交流图书信息,交易图书及印刷设备为主。其中,法兰克福和莱比锡逐渐成为欧洲图书交易中心。1949 年,法兰克福国际图书博览会正式举办,它是迄今为止世界上规模最大的出版博览盛会。

国际出版博览会可以以内容划分为综合和专题两种,前者以法兰克福国际图书博览会为代表,后者以意大利博罗尼亚儿童图书博览会为典型。一般而言,除非个别超大型规模的出版博览会,一般博览会总带有一定的区域出版文化特征,但这并不妨碍国际出版贸易与文化交流,反而使得这些博览会更具国际视域和文化交流特色,如北京国际图书博览会、莫斯科国际图书博览会等。就一般图书博览会功能而言,大多以新书展示、著作权贸易为主,但也有些博览会兼带图书批发销售,如法国图书沙龙。

国际出版博览会大多每年举办一次,一般会设立年度主题及主宾国,期间除了商务活动,针对当下国际或区域间出版问题的研讨、各类出版沙龙、研讨会、图书颁奖等活动也非常多。以著作权贸易和新书展示为主要内容的法兰克福国际图书博览会为例,世界每年著作权贸易的 70% 在此期间达成意向或完成签约,博览会开幕前一天的世界版权经理大会是世界上最重要的著作权贸易论坛,一年一度的"图书和平奖"和"世界最美的书"评选每年都吸引全世界作家和出版人的眼光。可见,出版博览会不仅仅是著作权贸易的盛会,同时也是广泛交流、讨论与出版业密切相关的世界政治、经济、文化的平台;出版人、版权代理人以及作家前来书展不仅是为单纯的商业目的,更是为公关需要——新朋需要结识,旧友更要维护,在此过程中不断积累贸易经验、收集丰富而无处不在的著作权及相关出版信息。

四、著作权代理

所谓著作权代理,是指在相关法律框架内,著作权人授予著作权代理公司或代理人,代理其著作权交易的全部或部分财产权利的商务活动,如贸易推荐、商务谈判、寄收样书、拟订合约及签约等。通常情况下,代理公司或代理人向著作权人(卖方)收取贸易佣金,佣金一般不低于著作权人收入的 10%。通过著作权代理完成贸易,已成为国际著作权贸易的重要手段。

(一)海外著作权代理

西方进入工业化时代之后,小说等文学作品的畅销促使文学作品著作权代理在英、美等国家兴起,并逐渐在世界各地形成较为成熟的著作权代理商业机制。海外著作权代理机构多以规模不等、大小不一的商业公司形式进行运作,其代理的著作权范围及内容十分多样,基本涵盖各类著作权作品的不同形式及其在不同载体上的使用方式。部分著作权机构除了代理著作权人作品外,还着力于发现、培养潜在作品及其作者,在遴选新人及其作品上具备高度的专业水准,成为不少出版机构购买著作权作品的重要来源。

(二)国内著作权代理

我国在正式加入《伯尔尼公约》之前便陆续开展了著作权代理的各项准备工作。1988年,经国务院批准,我国大陆地区第一家版权代理机构"中华版权代理总公司"宣告成立。之后,上海、北京等地陆续成立数十家地方著作权代理机构。随着我国加入WTO,海外著作权机构驻华办事处激增。2004年,我国颁布并实施《行政许可法》,自然人、法人等只需履行工商注册登记手续即可开展涉外著作权代理业务,无需国家版权局批准。该法实施后,一大批民营的著作权代理机构开始出现。与此同时,我国台湾、香港地区以及国外著作权代理机构、出版机构也纷纷在大陆各地设立代理或代表机构。

由于国情、历史、文化等原因,近年来,著作权贸易输出尽管取得了很大成绩,但总体上著作权贸易仍以引进为主。以图书著作权贸易为例(见图7-1),尽管近五年来输出品种增量十分明显,但引进品种数量仍远远高于输出数量。因此,国内著作权代理的主要业务,多在于为国内出版机构代理需要引进作品的著作权贸易,诸如著作权信息服务(如定期提供产品信息目录、样书样品的寄递等)、代理著作权转让或许可使用的谈判与合约制订、处理著作权纠纷或相关诉讼,组织各种形式的贸易洽谈活动,寻找相关作品著作权、代理收转相关著作权贸易款项等。

图 7-1　2006—2011 年我国图书版权贸易数量图

数据来源:原国家新闻出版总署统计公报

第二节　著作权贸易的一般操作流程

著作权贸易应该遵循国家相关法律法规和著作权贸易的一般规律,有计划、分步骤地进行。

一、获取著作权贸易信息

著作权信息是著作权贸易得以开展的重要条件。一般而言,国内出版单位主要通过版权代理机构、海外出版机构、国际图书博览会、互联网、著作权集体管理机构等渠道获取信息,做出贸易决断。

(一)关注著作权代理机构信息

信息化时代,国内出版单位发现海外作者及其作品并不困难,但联系、购买他们的著作权,绝非易事,因为海外著作权人往往委托一些机构代理主张他们的权利。通常,专业出版物、教育出版物的作者常将权利委托出版社代理,而文学、艺术出版物的情况则相对复杂,有的委托出版社代理,有的委托律师代理,但大多数委托著作权代理机构处理。

正如前文指出的,著作权代理是国际上通行的著作权贸易形式。大大小小、类型各异的国内外著作权代理机构掌握着新书目、作者、出版商等著作权信息资源。国内出版单位既可以从这些机构提供的代理的著作权作品中选择贸易对象,又可以委托这些机构,寻找、联系需要作品的著作权人,从而高效地完成贸易谈判,签订合同。在此过程中,出版单位应根据自身的专业特色、出书范围,选择一批合适的、有信誉度的代理机构,建立长期稳固的合作关系,定期获得著作权产品信息。

需要注意的是,海内外代理机构所代理的著作权人或作品一般有独家代理和非独家代理两种方式,非独家代理情况下,由于存在着不同代理机构、不同出版单位之间的竞争,提出购买意向的出版单位往往需要尽快做出决定。

(二)与海外出版机构保持联系

国内出版单位应根据自身出版特点,与相应的海外出版机构建立长期稳定的联系,关注他们发布或推荐的图书信息,选择合适的购买对象,进而追踪溯源,找到著作权人。近年来,海外出版机构印发的年度或季度纸质书目已经大为减少,不少出版社已通过各自的网站发布新书信息及在版书目,网站上大多标示了联系信箱。此外,海外一些著名的专业出版机构大多在国内设有办事处,提供著作权信息和样书阅读服务。

(三)关注国际图书博览会信息

随着互联网时代的到来,出版信息的传播手段和速度日益提高,电子邮箱、网上即时通信工具等技术手段使著作权"网上贸易"成为可能。尽管如此,国际图书博览会的作用仍不可替代,值得出版机构参与并关注。一方面,以法兰克福国际图书博览会等为代表的大型综合图书博览会,通过大量实体出版物的展示,较为全面地呈现了世界出版业的面貌、发展态势,为各出版机构的宏观业务及著作权贸易规划提供决策参考;另一方面,一些专业类图书博览会,如意大利博洛尼亚儿童图书博览会,则为专业出版机构提供了感性而精密的专业视野,便于出版机构根据自身战略,通过海内外细分市场的研究比对,锁定贸易对象。

目前,各类国际图书博览会都已经设立自身的官方网站,提供相应书展信息。同时,参展博览会的出版机构均可获得相关书面资料及数据光盘。

(四)联系国际著作权集体管理机构

由著作权人发起的著作权集体管理机构是一种非营利性组织,其目的在于保护著作权人较难行使的著作权,如广播权、网络传播权、表演权等,并促进各国在著作权使用方面的合作与交流。目前,较为知名的国际著作权集体管理组织有:"英国版权委员会(BCC)""法国文人协会(SGDL)""德国音乐作品表演及复制权集体管理协会(GEMA)""日本音乐著作权协会(JASRSC)"等。

(五)其他

西方各国大使馆、领事馆的文化机构尽管不提供著作权信息服务,但其中部分机构会通过网站提供动态的出版文化信息;国内外一些著名的读书评论、图书销售、著作权信息网站,如国内的"豆瓣",美国的"亚马逊""国际版权在线"等,都会提供出版物的相关信息。此外,一些著名的国际专业出版刊物,如 *THE BOOKSELLER*(《书商》)等也会定期发布出版物专题信息。

需要指出的是,部分已经去世但著作权仍在保护期内的作者,其权利往往依照其遗愿归于一些特别设立的基金会、研究会,这些机构常附属于大学、研究所等学术团体,可以通过网络搜索获取相关资讯。

二、著作权贸易谈判

在信息化时代,著作权贸易洽商、谈判过程大部分不需要通过面对面的交流来实现,电话、传真、电子邮件、网上即时通信工具等都可以成为谈判洽商的渠道。下面仅从购买方的角度来概述著作权谈判的几个要点。

(一) 与著作权人或代理人沟通确认著作权

著作权确认是开展著作权贸易的必要前提,只有确认权利归属才能开展著作权申请、谈判等工作。大多数海外出版的文学作品,其著作权往往通过代理机构授权,部分由作者本人保留;而专业类、教育类作品一般都由海外出版机构代理,甚至部分为出版机构拥有。

通常,代理机构以及海外出版机构提供给国内出版社的著作权贸易书目中的作品,都已经获得或拥有著作权。我国出版机构为确保自身的权益,在贸易谈判时,应要求上述出版或代理机构,在合同中列出声明条款,或在合同签订时,另行拟订著作权代理协议,承担相应法律责任。必要时,也可征询国内出版机构法务部门或法律顾问意见,让对方出具代理该著作权或拥有该著作权的本地公证机构的认证文件。

在同作者或其继承人第一次签订合同时,一般应要求授权人出具当地公证机构的相关证明,以确认该授权确实有效。公证的具体内容,应由我国出版机构的法务部门或法律顾问根据实际情况提出。

(二) 谈判

著作权归属确认后,开始着手同代理机构等进行谈判,其中,议价和报价是谈判的核心内容。双方一般采取面谈协商、通信、电子邮件、电话、传真等方式交流议价信息。卖方为实现利益最大化,有时会采取待价而沽的竞价策略,尤其是大众类作品的卖家,通常会选择畅销作品进行重点推广,借助作者以往作品的成功或同类其他作品的畅销,催生著作权市场热点,并在贸易谈判中尽量放大预估市场容量。因此,买方需要依据自身的经济实力、出版特色以及市场营销的运作能力,客观冷静地判断市场可能的销量,谋定而后动,量力而速行。

在著作权贸易谈判中,唯有有效把握双方的贸易心理,才能根据具体品种的特点,提出符合自身利益的最佳贸易策略。

1. 卖方销售策略

通常,代理机构或海外出版机构拥有作品的独家代理权或著作权,若无事先声明,国内出版机构可以依照"先来后到"的方式挑选作品、协商报价。此外,代理机构和海外出版机构也会采取竞拍手段,大大提升某部或某系列作品的购买价格。

为实现竞价成功,卖方会利用名人效应刺激购买方,也会借助重大事件、同步影视作品进行炒作。在著作权贸易中,通过竞价拍卖,让实力雄厚的出版机构获得出版权,本质上有利于作品的成功销售,符合代理机构和著作权人的利益,也符合市场规律。但是,不同地区的文化存在客观差异,文化产品"南橘北枳"的现象也常常出现,海外畅销书未必都能在中国产生销售"奇迹"。单纯依靠竞价拉高著作权转让费,会对国内出版机构造成不必要的经营压力,一旦失败,负面的市场效应必将会影响类似作品的著作权转让,从长远看显然不符合卖方利益。因此,竞价拍卖只能有选择进行,不能成为卖方普遍运用的销售策略。

多家出版机构对同一作品提出购买申请,在独家代理而又不采取竞拍手段的情况下,代理机构的选择原则是以委托人的实际利益和长远利益为准。除了当下的赢利目标,授权方一般会重点考量出版机构的实力、品牌,而购买方的诚意、认真的工作态度、细致的推广方案也会吸引其注意。代理机构最终选择的未必都是当下出价最高者或名牌出版机构。

2. 买方策略

当前,国内出版机构购买海外作品的数量呈现逐年上升态势,一窝蜂争购"热门"作品的现象不时出现,"卖方市场"特征较为突出。在这种不对称贸易的情况下,出版机构必须保持头脑清醒,在谈判过程中,切实把握分寸,扬长避短,在成本可控的前提下,购买符合自身出版风格和营销特长的作品。通常,在谈判前期以及谈判过程中,应注意以下几点:

①事先做足功课,认真审读样书,在出版机构内部进行内容、市场、营销的评估;对内容有充分了解才能在谈判中争取主动,客观而有效地进行市场分析,最终在谈判中划定合理的议价空间。应该尽量避免仅凭代理机构提供的内容简介等资讯而进行贸易谈判,这种情况只有在购买著作权"期货"(未完成作品、部分样稿,个别甚至只有提纲和书名)时方可采用,前提是对作者及其作品质量高度信任。

②首次与代理人或权利人接触,应尽量让对方了解自身在相应出版领域中的优势,如品牌、编辑实力、营销能力等。购买方要努力在谈判实践中积累贸易资源,择优劣汰,选择适宜自身出版经营的优质作品,努力与资质良好的代理机构建立长期合作关系。

③先设定购买品种,对锁定的目标,内部应预设底价,便于谈判中当机立断。

原则上,出版机构内部讨论要详尽,尤其是一些要价不低的作品,双方市场期望值都较高,各种风险要考虑周全。在此过程中,决策必须果断,谈判期间的任何延宕都可能失去宝贵的机会。在著作权谈判中言辞须慎,一旦承诺则必兑现。

④购买引进著作权作品要有经营意识,一般出版机构对著作权作品的购买以及维护都有相应的预算,因此购买规模不能一味扩张,须量入为出。除特殊需要,对过于热门的要价过高的作品要谨慎。同时,不必轻视一般作品,引进版图书"热门"不热,"冷门"不冷的情况屡见不鲜。

(三)提出贸易申请并洽商草拟合同

与代理机构或著作权人的谈判洽商过程中,购买方应向著作权代理人或著作权人正式提出购买申请,为最终确立贸易关系并拟订贸易合同打下基础。购买申请一般以书面方式或电子信件方式发往对方。著作权代理机构或者海外出版机构备有格式申请文本,主要内容有:申请者中英文全称、申请作品名称、版税提议、预付金额、起印数预估、定价预估、装帧形态、预计出版时间等。申请单填写完成后,一般需要加盖公章和负责人签字寄往代理或海外出版机构。向作者本人提出著作权申请的内容同上,可以通过信件或电子邮件提出。部分情况下,第一次购买相关作品著作权或者第一次与该代理机构、出版机构合作的国内出版社,会被要求提供出版社情况介绍。

上述申请单及信件,出版单位应保留影印件归档。谈判期间的来回洽商信件或电子邮件也应妥善保留存档。

申请被接受后,双方应洽商拟订相关合同。一般而言,相关合同由出让方拟订,代理机构和海外出版机构通常备有合同的格式文本,双方在申请文件所含的要素基础逐一填入相关栏目,并商定需要补充内容。我国出版机构可提出修改,或在双方协商一致的基础上重拟合同。需要说明的是,合同通常使用英文拟订。

三、合同的签订及执行

著作权转让或许可使用合同,是交易双方执行贸易的必备依据。我国《著作权法》第二十四条和第二十五条,分别就著作权许可使用合同的原则内容以及著作权转让合同的原则内容作出了规定,同时,《著作权法》也规定合同双方可以加入"认为需要约定的其他内容"。由此,我国出版机构与著作权贸易对象所签订的相关合同,在符合该法及其他相关法律的规定的同时,可根据实际需要补充约定内容。合同一旦签订,签约各方必须认真履行相关义务。

(一)著作权贸易合同的一般内容

1.列出签约各方身份

合同中必须明确签约当事人的各自身份,包括地址、电话、电子信箱等联系方式以及卖方的银行账号。如果合约由代理机构签订,则必须在合同中标注。

2.作品名称、作者名以及著作权声明

合同中必须列出作品的完整名称和作者署名。由于著作权贸易的核心对象是作品,为最大程度规避风险,避免同名作品或作者而产生歧义,除尚未完成或出版的作品,可标明该作品的出版年份、出版机构、国际标准书号等版本信息。合同中卖方必须承诺拥有相关权利或有权就相关权利进行贸易,以明确法律责任。

3.授权使用方式

一般著作权贸易合同应明确被授权人以何种方式使用其作品。例如,是复制、发行,还是改编、翻译等。如果是许可使用,合同必须明确被授予的使用权是专有使用权还是非专有使用权;华语地区一般有简体、繁体汉字的版本权利差别,是全部授予还是部分授予必须明确。此外,如果获得专有使用权,必须在合同中注明是否还拥有转授权。

4.使用范围约定和授权期限约定

使用范围通常是指获得授权作品的复制发行地域范围,翻译权范围等,跨越约定地域范围使用即为侵权。被授权作品通常也有授权期限约定,获得授权的使用人只能在约定的时间内行使权力。

5.付酬标准、方式等经济条件约定

这部分内容为核心条款,规定了货币支付形式、作品出版后的定价、起印数等。此外还需要对支付方式,诸如币种、结算时间和结算报告周期等做出约定。根据我国法律规定,卖方有义务在我国缴纳相关所得的税收,支付条款中往往还需加上买方代为扣缴该类税收的约定。

6.违约责任

在合同中,应约定违约后果,如违约方必须支付违约金,同时也应规定其计算方法;此外,违约给对方造成的经济损失,有赔偿的义务。当然,因战争、自然灾害等不可抗力造成的违约,应约定豁免条款予以厘清。

7.文化安全条款

我国的社会制度决定了引进海外著作权作品时必须注意维护社会主义文化安全。因此,我国出版机构必须注意添加相应条款,明确指出购买方有权根据国情需要,对作品的政治和意识形态内容予以删改。

8. 合同有效期约定及争议解决约定

合同的签订日期、生效条件、生效日期、有效时间等都是合同的重要组成部分。在履行合同时,有时双方会出现分歧,双方在协商后不能达成一致的,往往需要仲裁或者提起诉讼。因此,合同中应对本合同适用法律、仲裁原则以及归属地的仲裁机构或法院作出约定。考量相关成本,我国出版机构应尽力争取选择我国大陆的仲裁机构或法院为宜。

除以上主要条款外,合同中还需涉及一些普通条款,如约定样书寄送、滞销书处理办法、合同续约方法及原则、出版物重印通知等。

(二)签订合同前的内部审核

依照惯例,双方完成对合同文本的拟订、修改后,卖方会向买方提交完整的合同文本,此时买方应做最后的内部审核。相关著作权贸易负责人及法务负责人应仔细核对相关档案记录,检查内容文本的修改是否体现,重要数据如版税、预付金、合同有效期等是否有差错,确认无疑后,按照相关程序提交分管领导批准。

(三)签订合同,向著作权管理机构履行合同登记手续

合同文本双方确认无疑后方可正式签署。如果系机构签署,机构法人代表或者指定代表人签字后,应加盖公章。签章时,应注意在合同每一页面加盖骑缝章,必要时,著作权人在每一页合同上签字。合同签订后,出版机构应予以编号归档,便于相关部门查阅。

同时,遵照我国有关规定,引进外国或者我国香港、澳门特别行政区、台湾地区著作权人作品并签订出版合同后,应将合同报著作权行政管理部门进行登记。

(四)合同的执行

在著作权贸易中,各方严格履行合同是贸易成功的关键。在合同执行过程中,出版机构应注意以下几点:

1. 注重信誉

好的信用能使出版机构在著作权贸易中树立好的口碑,更益于今后贸易的开展。出版机构的信用体现在:严格依据合同约定,及时支付相关版税预付金和版税款项,按时出具信息准确的结算报告,在约定时间内完成出版并及时寄送样书。

2. 切实维护著作权人利益

出版机构必须严格依据授权内容、范围行使权力,未经授权绝对不能自作主张。同时,必须尽责地履行反盗版义务。一般合同中均会列出权利使用方为反盗

版责任者,但即使合同未作明确约定,出版机构也必须采取一切手段反对盗版,维护著作权人及自身权益。

3. 密切联系,保持协商

合同执行过程中,难免会发生一些问题,比如翻译者延时交稿造成出版时间延后,发行结算系统出现问题不能按时提供结算报告等。问题出现后,只要及时通过与授权方的沟通协商,一般都能获得谅解。此外,合同的续约,需要补充的约定等,都需要在沟通协商中解决。保持友好的联系往来,有助于今后更多的合作。

第三节　著作权贸易的经营管理

自我国正式加入国际版权公约以来,越来越多的国内出版机构将引进版图书、音像出版物等视作重要的出版产品加以开发,著作权贸易的经营管理已日益为国内出版机构所重视。通过近 20 年的贸易实践,以及学习西方国家开展著作权贸易的经验,我国出版业已初步形成了基于国情特点、出版管理原则、先进文化传播诉求的著作权贸易经营管理方法。

一、引进著作权的贸易经营

著作权贸易对象是文化产品,尽管具备一般贸易行为的追求经济利益的冲动和表现,但文化产品的精神特性决定了著作权贸易的特殊社会意义,这一特性服从并适应于社会政治经济制度。在中国特色的社会主义制度之下,符合我国国情的文化安全政策与出版管理原则对出版文化产品有更为严格的管理要求。由此,我国出版机构著作权贸易的经营与管理必须符合上述原则,具体表现在努力遵循并践行"将社会效益放在首位,坚持社会效益与经济效益相结合"的出版方针上。

(一)认真把握选题内容

各出版机构在著作权引进贸易经营上,应建构长期发展策略,根据国家的出版要求与政策,结合自身的出版特点与发展方向,高度重视选题内容的甄别、选择。具体应做到:

1. 自觉践行导向管理,择优汰劣,捍卫国家文化安全

海外著作权作品数量庞大,良莠不齐,出版机构应积极引进具有先进文化特征、对人类文明事业具有建设意义的大众或专业类作品,对那些政治上敌对、内容上腐朽、形式上粗糙的作品,应坚决抵制。

2. 根据著作权贸易规律与自身出版方向塑造选题板块

引进作品的选题开发一定要遵循出版机构的出版方向,选题不宜散乱,要进行板块化、序列化的规整。不宜囫囵吞枣,什么都做,必须依托自身编辑力量、销售实力,有选择地引进。这样,才能既符合海外著作权贸易习惯,又较容易形成品牌特色和市场影响力。

3. 文化价值评判

各类优秀的引进出版物总是具备着不同时期、不同形态、不同类别、不同内容的特殊文化价值。对作品文化价值的判断能力与选取能力,决定了出版机构在选题内容质量上的把握能力。比如,文学艺术类作品在引进前,就必须对原作品的文本价值、审美价值、思想性、艺术性、创造性等多重要素结合海内外评论界的意见,进行考量判断;而专业学术类,如医学类著作,则应该比照其学科当前发展水平评估其学术与参考价值。

(二)市场适应性研判

引进选题的市场适应性研判,既包含作品在原市场的市场反应,也包括对我国市场反应的预判。原作者及作品在海外市场的反应,可以通过媒体及网络信息了解。如大众类出版物,可通过大型网上书店的销售情况及读者评论、读书俱乐部销售评价、网站评论以及媒体、评论界意见等获得信息;专业类著作则主要通过学术界批评获得。一般而言,著名作者的作品容易获得原市场认同,引进后也较易获得我国市场的积极响应。但由于原市场的文化语境、背景与我国或多或少有所差异,因此单纯凭借作者的知名度以及原市场获取的适应度信息并不足以支持对本地市场的预估判断。如有必要,可借助专业市场调研机构对引进产品的可行性进行调查分析。

(三)投资预算与成本控制

相比一般出版物,引进出版物需要更多的经济投入,如版税支付、翻译费用、图片使用权利费等,甚至需要购买印制软片或排版电子文档,有些作品的版税和预付金数额相当惊人。因此,出版机构著作权贸易的引进规模必须依据自身投资实力和销售实力而定。一方面,出版机构应认真制订年度著作权引进费用预算,及在版

引进作品的著作权维护预算,包括本年度预付金及当年结算版税预估总额、翻译费预估总额,非本年度引进的在版作品版税结算预估总额等,便于出版机构统筹安排,量入为出;另一方面,要对具体的引进项目进行单独的成本核算,尤其要注意引进成本与自身销售能力的匹配。

值得注意的是,引进出版物的盈亏平衡点通常比一般产品高,为达到盈利,必须保证销售数字的持续增长和重印需求。例如,某册引进图书的起印数为 8 000 册,成本价为 160 000 元,其中包括著作权预付金、翻译费用、图片使用费、生产成本等。若定价为 30 元,发行折扣为 60%,则实际销售额为 8 000×30×60%,即 144 000 元。与成本价相比,亏损 6 000 元。若起印数为 10 000 册,仍亏损 5 000 元。以此类推,如果此书可以实现持续销售,则可追加重印,从而实现收支平衡或盈利;反之,必亏无疑。

由此可见,成本控制更重要的方法是,在引进项目贸易谈判开始时,就根据市场销售部门作出的定价及起印预估数,计算盈亏平衡点,从而对预付金(包括版税)、翻译费等作出合理的评估。

(四)最大限度开发引进著作权作品

传统出版物通过大众传媒宣传、影视剧改编、推出网络游戏等多种手段同步推进销售,已成为当今出版业采用较多的营销手段。不少引进著作权畅销作品,如《哈利·波特》《魔戒》等,都是图书、电影、媒体及网络宣传整合营销成功后,在全世界范围里取得巨大成功的经典案例。引进的著作权产品,大多具有国际文化背景,通常在海外已经获得规模效应,取得广泛成功的作品,大多在中国市场上采取同样的营销策略,也能获得同样的成功,当然前提是符合我国文化安全要求并且符合中国读者的欣赏口味。

(五)重视获取数字出版的权利

当今,作为出版业新形态的数字出版,无论是技术、营销模式、销售状况以及表现形态等已日益成熟。从国内情况看,手机、互联网、手持阅读器等销售数量提升迅速,部分中小学及高校正在尝试推广的电子书包、学习课件等,客观上在催生国内数字教育与专业出版物市场的成熟;此外,海外一些著名的数字出版销售平台,如苹果商店已被广泛使用,亚马逊中国的 Kindle 电子书店于 2012 年 12 月中旬悄然上线。因此,在引进作品著作权贸易上,出版机构必须重视数字权利的引进以及延伸开发。国内出版机构应该与著作权人、著作权代理机构或海外出版出版机构在数字出版上保持密切沟通,在交流一般著作权贸易信息的同时,主动介绍自身在数字出版方面的情况,数据和工作实际最能说服人,最终争取获得更多的数字权利授权,并逐渐形成自身的引进著作权数字作品特色与规模。

二、引进著作权贸易的日常管理工作

出版机构经常性的著作权引进贸易,必然产生大量的日常事务性工作,需要加以管理与协调。其中,档案管理与支付管理最为重要。

(一)建立部门管理或专人管理原则

著作权贸易是一项综合性较强的工作,涉及出版、外语、贸易、法律等多项专业知识,出版机构需要有较强整合能力的专业部门或专门人员负责处理著作权业务。

业务内容大致有:著作权信息汇总处理;积极与代理机构、海外出版机构联系,获得相关贸易书目,或提供本单位著作权输出书目;提供各编辑部著作权作品信息,并根据反馈要求而联系相关作品著作权;执行出版机构著作权贸易经营决策,执行具体谈判工作,提交著作权申请条件(申请书);拟订或修改著作权合同;整理日常著作权信件、电子邮件、合同等重要文件,整理档案便于查阅;向省级版权部门申请著作权合同登记;著作权费用的核对、申请支付;联系编辑、发行、财务等部门做好各项著作权作品的定期结算报告,并按照合同约定及时转寄给授权方;样书收转及寄递等。

(二)著作权档案管理与样书管理

1. 档案管理

由于著作权贸易涉及的信息量大、贸易相关单位繁多,因此商业信件、合同等文件要仔细分类归档,并且必须做到档案信息与具体工作进程的衔接。目前,不少出版机构使用企业资源计划系统(ERP)执行计算机信息资源管理。著作权贸易合同的归档及版税、预付金额、支付日期、结算周期等核心要素是著作权贸易日常工作依赖的基础信息,必须做到随时取用,并据此跟踪、安排各环节工作。

2. 样书管理

引进版样书是重要的著作权贸易资源,一家大中型的出版机构,每年寄达的样书往往成百上千,因此样书需要分门别类,以送交不同的编辑部门阅读选择。其中,部分出版机构主动挑选的重要品种样书以及代理机构寄达的样书必须登记,避免遗失。合同签订后,代理机构或海外出版机构等依约寄达的样书,也必须及时登记并送交有关编辑译者。作品出版后必须及时按合同寄出本版足额的样书。

(三)结算管理

依照合同约定及时支付预付金,并定期结算版税,是结算管理的首要工作。预付金一般不低于首印数版税的一半,该款项将在未来实际版税结算时扣除。即使未来实际销售数过低,以至于实际结算的版税金额达不到预付金额,该款也不退回,这是国际著作权贸易的惯例。该款一般在合同签订后 3 个月左右支付,由授权方(代理方)出具支付通知,责任部门必须做到准时办理申请款项手续,及时支付。由于支付前必须履行省一级版权局的合同登记,在取得合同登记号及批文后方可申请外汇支付,因此出版机构内部必须有"提前量",以确保准时支付。

此外,结算管理工作还包括:按照合同约定的结算周期及版税率,向授权方按时出具结算报告并支付相关版税,填写报告时,要将印次、印数、销售数、计算后的版税金额等填写准确;如果存在滞销或退货,也必须按照合同约定方式处理,并在结算报告中标示。

(四)公关工作

著作权贸易既是商业行为,又是文化行为。贸易各方在商业利益取舍的同时,企业的价值判断、特殊的文化品格乃至员工的爱好趣味,始终影响着双方的合作。双方工作人员间的默契、坦诚与互动,对贸易展开有着积极的促进作用。因此,出版机构应当鼓励相关部门的人员与贸易伙伴尤其是长期、重要的合作伙伴,在商业道德、行业规范的基础上,建立紧密的工作关系。

三、著作权输出策略

近十年来,我国输出的著作权作品增长幅度惊人,但整体数量和规模与引进数量相比,弱势仍然明显。西方在文化贸易方面的主导地位仍无法撼动,要打破这一格局,确实需要花长时间的努力。我国自 2003 年以来全面推进实施出版"走出去"战略,出台了不少配套政策,主要在于鼓励出版机构出版普及中华优秀的传统文化,反映当代中国改革开放后在社会、经济、文化等各个领域所取得的巨大成就,弘扬中华民族主流价值观,不断推出具有创新精神、富有鲜明中国特色的出版物。

自这项工作开展以来,我国著作权对外输出项目不断增多,选题和作品的质量不断提高。这主要得益于该战略的前瞻性和对行业的指导价值,也得益于国家相关配套政策的实施力度。比如,通过评估筛选,国家和地方的文化基金积极为各种优秀的"走出去"项目提供翻译、出版的配套资金,并且资金每年都有一定幅度的增量。毫无疑问,这些措施为积极开发优秀的输出作品的出版机构提供了坚强的

物质保障,对我国著作权输出的积极影响不言而喻。总体来说,出版"走出去"战略要围绕以下两点展开:

(一)选题规划

输出著作权作品工作的首要任务,是精心规划选题。我国的著作权输出作品,过去总是在中国传统文化上策划选题,如烹饪、书画艺术、中医等。通过调查发现,当代西方许多人士对中国的发展感到惊羡,希望了解中国的历史,对中国当代政治、社会、经济、文化也有浓厚的兴趣,而中国出版机构在这些输出作品的选题上比较缺乏。上海近年组织策划的"文化中国"书系,就是全面反映中国历史、文化以及当代中国政治、经济、社会的全方位的丛书,文字和图片配合得体,符合海外阅读审美习惯,在海外市场赢得广泛赞誉,堪称输出作品的成功案例。

另外,优秀选题的作者的写作风格及翻译风格、使用外语进行推广介绍等也十分重要。在"文化中国"书系中,90%的作品都配备了海外专家,专家们对作品的内容结构、文字表述、配图、图书整体设计、封底文案等都提出了符合海外阅读审美意趣的详尽意见。该书系能在欧美、东南亚等地受到专家和读者的广泛好评,绝非偶然。可见,优秀的输出作品的选题不仅需要打动人的"概念",更需要完善的"操作"。

(二)寻找并依托适宜的合作伙伴

就输出著作权的实际操作经验看,寻找海外有一定影响力的著作权代理机构、著名的出版公司作为合作伙伴,对国内出版机构输出作品助益颇大。国内出版机构在平时的贸易关系资源的积累中,应稳妥地选择合适的伙伴,择机提出相关作品的输出意向。为了赢得今后较为成功的输出路径,可通过内部协调,以适当降低版税,争取国家或地方的"走出去"项目翻译资助费用等方法,获得输出机会。当然,成功输出的最根本原因在于作品本身的高质量。

小　结

国际著作权公约的制定与实施为世界范围内的著作权贸易提供了坚实的法律基础,这是开展国际著作权贸易充分而必要的条件。需要特别说明的是,著作权贸易主要通过著作权的转让和许可使用实现,一般出版物的著作权贸易大多委托著作权代理机构完成,而在教育出版和专业出版领域,原出版机构则承担著作权人或代理人的角色。虽然我国开展著作权贸易时间不长,但已经形成了一套基于中国特色出版管理制度下的严格的贸易管理程序,以及与之相适应的经营方式,对此我们必须理解并认真掌握。

思考与练习

1. 什么是著作权贸易?国际著作权保护的基本原则体现在哪几个方面?
2. 著作权贸易依据其贸易形式一般可分为几种类型?
3. 著作权贸易谈判的要点是什么?
4. 著作权贸易合同的一般内容是什么?
5. 引进著作权贸易的日常管理工作需注意哪几个方面的问题?

第八章

图 书

学习目标

通过本章的学习,使学生能够全面把握图书的专业知识,熟悉各种与图书相关的专业术语,正确区分图书的种类、开本、装订样式及各种结构部件、辅文、版面类型等,熟悉中国标准书号的用法及国家对图书质量的管理。

知识要点

掌握图书的概念;熟悉图书的特点;了解图书的分类方法;掌握图书外部的主要部分和基本组成成分;熟悉图书的开本和装订样式;掌握图书的必备结构部件;了解图书的可选结构部件和图书的辅文;熟悉图书的版面;掌握中国标准书号的结构;了解国家对书号的管理;掌握图书质量的项目及其标准;了解国家对图书质量的管理和奖惩措施。

第一节　图书概述

图书作为人类最重要的文化传播媒介,已经经历了几千年的演变过程。最初,人们将文字记录在陶器、甲骨、青铜器、石头等各种载体上,这些记录下来的文字有的不是用于向公众传播,有的因为载体不便携带而无法广泛传播。因此,它们还不是真正的图书,只能算是历史文献。

世界上最早的图书形式是苏美尔人发明的泥版书,后来又出现了埃及人发明的纸草书、亚述人发明的蜡版书、帕加马人发明的羊皮书以及印度人发明的贝叶书等;中国最早的图书形式是简牍,后来又出现了帛书。

西汉时期,中国人就发明了造纸术。东汉时期,宦官蔡伦在总结前人的造纸经验的基础上,进一步改进了造纸的生产工艺,扩大了造纸所需的原料来源,使得纸张得以大量生产和广泛使用。纸张的发明是中国对世界文明发展做出的最伟大的贡献之一,也是图书出版史上具有划时代意义的技术进步。从此,文字找到了自己理想的"家",纸张成为了图书的载体。迄今为止,图书仍然是促进社会政治、经济、文化发展必不可少的重要传播工具。

图书作为人类文明发展的重要成果,又对人类文明的发展起着巨大的推动作用。随着社会文化和科技水平的发展,图书的内容和形式不断变化发展。因此,关于图书的概念也在发展变化。以下讲述的是现代图书的定义和特征。

一、图书的定义

图书是以纸介质为载体,主要以印刷方式复制的非连续出版物。既可由单独的一篇作品组成,也可由同一作者的多篇作品组成,还可由众多作者的作品汇聚而成。图书广义上包括装订成册的书籍和散装的地图以及各类图片。狭义指书籍。

二、图书的特点

现代出版物包括图书、报纸、期刊、音像制品、电子出版物和互联网出版物等六种,其中报纸、期刊也和图书一样,都是以纸介质为载体,主要以印刷方式复制。因此,图书、报纸、期刊又被称为"纸质出版物""纸介质出版物""印刷型出版物"等。

与报纸和期刊比较,图书的主要特点是:

第一,图书的出版方式是"非连续出版",而报纸和期刊的出版方式是"连续出版",即以一定的出版周期,用一个固定的名称一期接一期地连续出版。

第二,图书在内容上讲究系统性,各个篇章在内容上都围绕一个特定的主题,前后次序遵循一定的逻辑规律,并且可以用一个题名来概括图书内容的主题,这个题名就是每一种图书的书名。

第三,图书一般以提供知识为主,内容比较稳定。有的图书出版多年,仍然受到读者欢迎。一些经典名著甚至流传了几百年、上千年。

第四,图书的篇幅不固定,既可以是一本薄薄的小册子,又可以是一部皇皇巨著。一本儿童图画书可能还不到 1 000 字,而一部《辞海》缩印本的字数可达 2 000 多万字。

第五,图书可以重印或再版。正是因为图书的内容稳定,图书出版后,第一次印刷的数量没能满足市场的需求,就需要通过重印增加图书的供应量,满足市场的需求。如果图书的内容需要修改,而且修改较多,需要重新排版印刷,就是再版。

第二节　图书的种类

图书的种类可以从各种角度来加以划分。例如,按内容的表现形式来划分,可以分为文字类、图画类、图文类等;按照学科知识内容来划分,可以分为政治读物、经济读物、文学读物、艺术读物、科技读物等;按照读者对象来划分,可以分为学术著作、大众读物、青年读物、少儿读物、妇女读物、老年读物等;按照著述方式来划分,可以分为论著、翻译、编著、汇编、改写、注释等;按照装帧方式来划分,可以分为平装、精装、线装、散页装等;按照版次来划分,可以分为初版、再版、修订版、增订版等;按照国家统计规定来划分,图书还以分为书籍、课本、图片等三大类。按照其他标准,还可以将图书分为各种不同的类型。

下面主要介绍中国图书馆分类法和按照图书的基本功能分类。

一、中国图书馆分类法

中国图书馆分类法,简称"中图法",是将图书按其学科内容分成几大类,每一大类下再分许多小类,每一小类下再分子小类……最后,每种书都可以分到某一类目下,每一个类目都一个类号。

中图法包括"马列主义、毛泽东思想,哲学,社会科学,自然科学,综合性图书"五大部类,22个基本大类,具体如表8-1所示。

表8-1 "中图法"的分类体系

基本部类	标记符号	类目名称
马列主义、毛泽东思想	A	马克思主义、列宁主义、毛泽东思想、邓小平理论、"三个代表"重要思想
哲学	B	哲学、宗教
社会科学	C	社会科学总论
	D	政治、法律
	E	军事
	F	经济
	G	文化、科学、教育、体育
	H	语言、文字
	I	文学
	J	艺术
	K	历史、地理
自然科学	N	自然科学总论
	O	数理科学和化学
	P	天文学、地球科学
	Q	生物科学
	R	医药、卫生
	S	农业科学
	T	工业技术
	U	交通运输
	V	航空、航天
	X	环境科学、安全科学
综合性图书	Z	综合性图书

每个大类下又可分为许多小类,以"G 文化、科学、教育、体育"为例,该类目下又可分许多小类,具体如下:

G0 文化理论

G1 世界各国文化与文化事业

G2 信息与知识传播

G3 科学、科学研究

G4 教育

G8 体育

每一小类下还可再分子小类,以"G2 信息与知识传播"例,其下还可再分子小类,具体如下:

G20 信息与传播理论

G21 新闻学、新闻事业

G22 广播、电视事业

G23 出版事业

G24 群众文化事业

G25 图书馆学、图书馆事业

G26 博物馆学、博物馆事业

G27 档案学、档案事业

以"G23 出版事业"为例,其下可继续分为:

G230 出版工作理论

G231 组织和管理

G232 编辑工作

G234 印刷工作

G235 发行工作

G236 书刊宣传、评介

G237 各类型出版物编辑出版

G238 出版工作者

G239 世界各国出版事业

其中的每一子小类,还可继续分类。依此类推,每种书都可以分到某一类目下,每一个类目都一个类号。

二、按图书的基本功能分类

出版物的三大基本功能是娱乐、知识和信息。为了满足人们对出版物这三大功能的需求,现代出版业逐渐演化成了三大板块,即大众出版、教育出版和专业出版。图书也相应地分为大众图书、教育图书与专业图书。

(一)大众图书

大众图书是指与大众的日常生活、休闲阅读以及文化体验相关的图书。大众图书有时也叫一般图书,通常是为了满足人们的生活娱乐和兴趣爱好的需求,常见的大众图书包括小说、传记、少儿、艺术、旅游、保健、文化、科普、理财、自助、励志等。由于大众图书的读者面广,读者需求多样化,需求热点不断变化,因此也是最活跃、最丰富、最有魅力、最热闹的出版领域。图书市场中最吸引眼球的畅销书大多是大众图书。

(二)教育图书

教育图书是指与学习、教育及培训有关的图书,主要包括基础教育类图书和高等教育类图书,职业教育和终身学习读物也属于教育图书的范畴。各类教育图书还可按学科和课程细分。教育图书通常具有一定的模式化和标准化,与大众图书相比,教育图书的出版过程比较复杂,出版周期长,出版计划性强,对编校质量要求较高,因此教育图书的资金投入往往也比较大。

(三)专业图书

专业图书是指与职业和行业有关的图书。专业图书以职业和行业为分类标准,通常包括财经、法律、医学、社科与科技五大类。专业类财经读物,是专门为从事财政、金融和经济工作的读者出版的图书,与炒股之类的大众理财类图书有很大不同;法律和医学都属于典型职业,而且出版规模较大,通常不归入社科和科技类;专业类的社科和科技读物,与大众类的通俗读物和科普读物也有很大不同,专指为学习或研究某一学科的专门读者出版的图书。专业图书的学术性强,知识含量高,对编辑人员的专业素质有较高的要求。

第三节　图书的形态

一本书放在那里,不管里面的内容如何,我们一眼就能看出这是一本书。图书呈现出的外部形状,就是图书的形态。

一、图书外表的主要部位

除了散装的图片,绝大多数图书都是装订成册的,外表呈立方体,具有一定的高度、宽度和厚度。图书的外表由六个面构成,形成了图书外表的主要部位。指称这些部位的专业用语分别是:面封、底封、书脊、书口、书顶、书根(见图 8-1)。

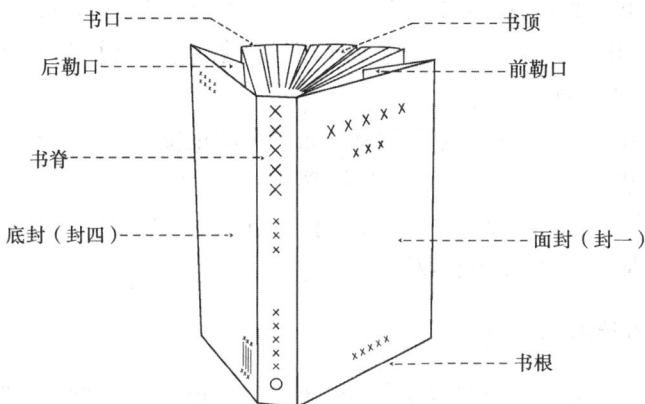

图 8-1　图书外表的主要部位

①面封,又称"前封面"或"封一",位于图书的最前面,大小取决于图书的高度和宽度。

②底封,又称"底封面"或"封四",位于图书的最后面,大小取决于图书的高度和宽度。

③书脊,又称"脊封",位于图书的订合处,大小取决于图书的高度和厚度。

④书口,又称"外切口",与书脊相对,大小取决于图书的高度和厚度。

⑤书顶,又称"上切口"或"书首",位于图书的最上端,大小取决于图书的宽度和厚度。

⑥书根,又称"下切口",位于图书的最下端,大小取决于图书的宽度和厚度。

⑦勒口,面封和底封在书口处向里折转的延长部分。面封的折转部分称为"前勒口",底封的折转部分称为"后勒口",勒口的宽度一般不少于 30 毫米。

二、图书的基本组成成分

我们翻开图书的面封,就可以阅读印在书页上的图文信息。面封属于图书的外部装帧物,印有内文的全部书页就是书心。图书的基本组成成分包括书心和外部装帧物。

（一）书心

书心包含内文的全部书页。打开一本书，除了封面，其内部的全部书页就是书心。

书页是有一定幅面尺寸、通常印有图文的单张纸页。现代图书通常都是双面印刷，一张纸页可以印两面，每一面都标有"页码"。在现代出版业的专业用语中，"页"专门指称书页的张数，即"1页"等于"2面"，相当于"2个页码面"。为了避免歧义，应尽量使用"面"或"页码面"来表示书页的数量。如说"某书有320面"，或者说"某书有320个页码面"。

页码是标明书页顺序的序号。通常一张书页的正反两面都标有页码。普通图书的订口在左边，即左翻本。翻开一本书，看到的是两个页面，左面的页面须标有双码，右面的页面须标有单码，即"左双右单"。而一些线装的古籍图书，订口在右边，即右翻本，则页码为"左单右双"。

（二）外部装帧物

图书的外部装帧物主要是封面，一些图书的封面还包括勒口。除了封面，护封、腰封、函套等也属于图书的外部装帧物，但这些结构部件相对独立，不是每一本书都必须具有的。

三、图书的开本

开本是表示书刊幅面大小的行业用语。

图书的版本记录中都须标示图书开本，如"开本：787毫米×960毫米1/32""开本：850毫米×1168毫米1/16"。其中，"787毫米×960毫米""850毫米×1168毫米"表示图书采用的全张纸规格；"1/32""1/16"表示图书的开数分别为32和16，即图书的开本分别为"32开"和"16开"。

图书的开本可以按照开数范围分为大型开本、中型开本和小型开本，大于16开的开本称为大型开本，16开~32开的开本称为中型开本，小于32开的开本称为小型开本。还可以按照图书的高度与宽度的比例分成竖开本和横开本，图书的高度大于宽度的，称为"竖开本"，大多数图书都采用竖开本；图书的高度小于宽度的，称为"横开本"。

除了用"几何级开切法"开切的正规开本，还有两种特殊开本——直线开切开本和纵横混合开切开本。

直线开切开本是将全张纸横向和纵向分别按特定的等分数量开切而成（见图

8-2）。如果横向开切成 5 等分，纵向开切成 4 等分，则开数为 20（5×4）。常见的直线开切开本有 12 开、18 开、20 开、21 开、24 开、28 开、36 开、40 开、44 开、50 开、56 开、60 开等。

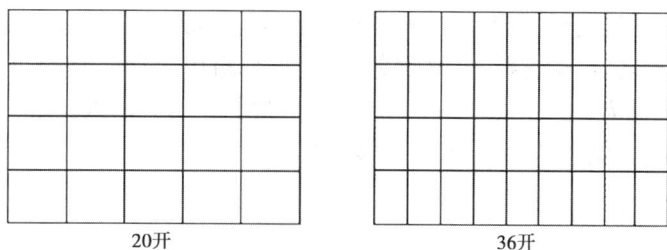

图 8-2　直线开切开本

纵横混合开切开本是将全张纸的大部分直线开切、另一小部分单独开切而成（见图 8-3）。这类开本又称"畸形开本"，可以适应特殊开本的需要，但由于采用这类开本既浪费纸张，装订又不方便，因此在图书印制中很少使用。

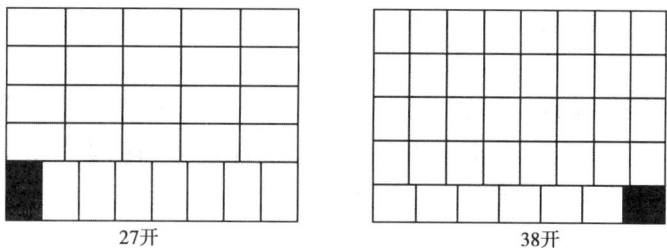

图 8-3　纵横混合开切开本

四、图书的装订样式

图书在印刷厂完成印刷后，经过出版社样书检查，就要装订成册，进入流通领域。用不同的装帧材料和装订工艺可以使图书呈现不同的外观形态，这就是装订样式。现代图书常用的装订样式包括平装、精装、骑马钉装、线装和散页装等。

（一）平装

目前，大部分图书都采用平装的装订形式，其装订方法简单，成本较低，牢度较好，经济实用。平装是采用软质纸制作的封面把书心包住，并使封面的书脊与书心的书背粘在一起，然后将书口、书顶和书根裁切整齐。

平装可分为普通平装和勒口平装。普通平装的面封、底封与书心的纸页大小相同；勒口平装的面封、底封比书心的纸页要宽，宽出的部分就是勒口。与普通平装相比，勒口平装可以使面封和底封看上去更加平整、挺括，不宜卷边。勒口的宽度一般不少于 30 毫米。

(二)精装

精装一般采用硬质封面,然后将硬质封面与书心套合并固定联结。与平装相比,精装的用料考究、工艺复杂、外观精致,也更加耐用,能更好地保护书心。精装的硬质封面也称为"书壳"或"封壳",其面封和底封比书心的纸页略大,在书口、书顶、书根处都超出书心约 3 毫米,称为"飘口"。

(三)骑马订装

骑马订装是把封面与正文书页叠在一起,然后将订书用的铁丝穿过书页中间的折缝,使封面和正文订在一起。骑马订装极其简便,成本低廉,但牢度较差,一般用于页数较少且无须保存的期刊或小册子。骑马订装的封面没有书脊,由面封和底封构成,装订成册后书脊呈圆弧形,不能印刷文字。

(四)线装

线装是我国传统的书籍装订样式,现代图书较少使用,主要用于我国古籍类图书。线装是将沿中缝对折的书页和面封、底封叠合后,在右侧适当宽度用线穿订的装订样式。线装书一般是右翻本,文字排式采用竖排。

(五)散页装

散页装的书页无需订合,将一张张书页或是一大张书页折叠后装在包装袋或包装盒内,主要包括卡片式和挂图式图书。

第四节　图书的结构部件

图书的结构部件是指图书中具有相对独立性的组成部分,可以分为必备结构部件和可选结构部件。

一、图书的必备结构部件

图书的必备结构部件是指任何图书都不可缺少的组成部分,包括封面、主书名页、目录页和正文书页。

(一)封面

封面是图书的外部装帧物,印有装饰性图文,起着美化图书、保护书心及标示图书各种属性的作用。封面一般由面封、底封、书脊以及封里和底封里构成,勒口平装书的封面还包括前后勒口。封面、封里、底封里、底封也称为封一、封二、封三、封四。

面封须印有书名、作者名和出版者名;底封的右下角须印有中国标准书号及其条码和定价;书脊的宽度若大于或等于 5 毫米,须印有主书名和出版者名,若空间允许,还须印上作者名。图的封里和底封里一般保持空白;勒口平装书的勒口部分可放置内容简介、作者简介、作者肖像、丛书目录及其他图书宣传文字等。

(二)主书名页

主书名页是和附书名页相对的,两者组成图书的书名页,是位于图书正文之前,载有完整书名信息的书页。主书名页是图书的必备结构部件,而附书名页是图书的可选结构部件。

主书名页通常位于面封和封里之后,包括扉页和版本记录页两个部分。

1.扉页

扉页位于主书名页的正面,即单码面。扉页须印有书名、作者名和出版者名,且设计时往往也和面封相似,因此又称作"内封"。

2.版本记录页

版本记录页位于主书名页的背面,即双码面。版本记录页须印有图书的版权说明、图书在版编目数据和版本记录等三部分内容,习称"版权页"。

(1)版权说明

版权说明应置于版本记录页的最上部,标志该书著作权的归属。本书的版权说明标志如下:

　　　　ⓒ靳琼,许春辉,马迁,黄静,张旻昉 2014

ⓒ是版权符号,后面是本书著作权人名称和首次出版年份。还可加注"版权所有,未经许可不得以任何方式使用"等字样。

（2）图书在版编目数据

版权说明的下面就是"图书在版编目数据"，一般置于版本记录页的中部偏上位置。图书在版编目数据又称"CIP 数据"，CIP 是英文 Cataloguing in Publication 的缩写。本书的"图书在版编目数据"如下：

图书在版编目（CIP）数据

出版概论/靳琼主编 . —重庆:重庆大学出版社,2014.2

全国高职高专印刷与包装类专业教学指导委员会"十二五"规划教材. 出版类专业系列教材

ISBN 978-7-5624-7954-3

Ⅰ.①出…　Ⅱ.①靳…　Ⅲ.①出版工作—概论—高等职业教育—教材　Ⅳ.①G231

中国版本图书馆 CIP 数据核字(2014)第 000369 号

图书在版编目数据由四个段落组成，第一段落即第一行标题"图书在版编目（CIP）数据"；第二段落为著录数据，一般包括正书名、著作责任者、出版地、出版日期、中国标准书号等；第三段落为检索数据，其中"Ⅰ.…"指书名，"Ⅱ.…"指著作者，"Ⅲ.…"指主题检索，"Ⅳ.…"指按《中国图书馆图书分类法》标引要求的图书分类号；第四段落为其他注记，一般是指审核后的文件号码。

（3）版本记录

版本记录位于版本记录页的下部位置。须载明出版责任人记录、出版发行者说明、载体形态记录和印刷发行记录。

出版责任人记录包括责任编辑、装帧设计、责任校对和其他有关责任人；出版发行者说明包括出版者、排版印刷者、装订者和发行者，出版者名下应注明详细地址及邮政编码，也可加注电话号码、E-mail 地址或互联网网址；载体形态记录包括开本、印张数、字数、附件等；印刷发行记录包括第 1 版、本版的出版时间，本次印刷的时间和印数，以及中国标准书号、定价等。

（三）目录页

目录页是列载图书目录的书页。虽然也有一些图书没有目录页，如由单部小说构成的图书、儿童绘本画册等，但绝大多数图书都必须设置目录页，所以仍将目录页作为图书的必备结构部件。

"目"指篇名，"录"指"目"编次。图书的目录页由若干条目组成，每个条目又包括标题及其对应的页码。为了方便读者了解全书的大致内容和结构并进行检索,目录页应将正文内容的主要标题及其对应的页码编排成条目,按照前后次序排列。相同级别的标题,其条目应采用相同的字体和字号;不同级别的标题,其条目应采用不同的字体、字号;标题级别从高到低,其条目的字体、字号也应由大到小、由重到轻。

(四)正文书页

正文书页是图书的主体部分,承载作品的全部精神文化内容,因此是任何图书都不可或缺的结构部件。除了作品本身,图书中常常还包括一些相对独立的辅文,如前言、后记、附录、参考文献等,如果这些辅文与作品本身一起采用相同纸张印刷,承载这些内容的书页都可算作正文书页。

二、图书的可选结构部件

图书的可选结构部件指的是一些图书具有,但不是每一本书都必须具有的结构部件。如腰封、护封、书函、书套、衬页、环衬、附书名页、插页、辑封与篇章页等。

(一)腰封

腰封是包勒在图书封面中部或底部的一条纸带,属于外部装帧物。腰封需包裹住图书的面封、书脊和底封,所以两端各有一个勒口。腰封上通常印有该书的宣传、推荐性图文。

(二)护封

护封是在原有的封面外再包上一层包纸,它能起到保护封面的作用。护封的高度与图书封面的高度相等,宽度须留有前后勒口。护封上除了印有宣传、推介性文字外,还必须像封面一样印有标示图书属性的文字。护封多用于精装书。

(三)书函

书函是我国传统图书的外部装帧物。书函就像一个盒子,可以将多卷本的图书放在一起。常用的书函有四合套和六合套两种。四合套只有四面有侧板,书顶和书根是露在外面的;六合套则还有两块分别对应于书顶和书根的侧板。

(四)书套

书套也是图书的外部装帧物,是一个一侧开口的硬质纸盒。将图书放入书套后,可露出图书的书脊。书套既可放入一本书,也可放入多卷本图书。

(五)环衬

环衬是设置在封面与书心之间的过渡性双连书页。一个环衬共有四个页面,设在书心前面的环衬叫"前环衬",前环衬的第一面整个粘帖在封二上,第四面的边缘部分粘帖在书心的订口处;设在书心后面的环衬叫"后环衬",后环衬的第四面整个粘帖在封三上,第一面的边缘部分粘帖在书心的订口处。

平装图书可以设置环衬,也可以不设置环衬。有的平装书只设置前环衬,而没有后环衬。但对于精装图书而言,必须设置前后环衬。这是因为精装图书的封面质地较硬,必须利用环衬才能将封面与书心牢固地联结在一起。

(六)衬页

衬页是衬垫在封面和书心之间的过渡性书页。将衬页设置在封二与书名页之间,翻开封面时,先看到衬页,翻过衬页后才是书名页,既起到美化装帧的作用,又可保护书名页。书心和封三之间有时也可加设衬页。

(七)附书名页

附书名页是载有多卷书、丛书、翻译书等有关书名信息的书页,通常位于主书名页之前。

附书名页列载的内容包括:多卷书的总书名、主编或主要著作责任者;丛书名、丛书主编;翻译书的原著书名、著作责任者、出版者的原文、出版年及原版次;多语种书的第二种语言之书名、著作责任者、出版者;多著作责任者书的全部著作者名称。

附书名页的信息一般列载于双数页码面,与主书名页正面相对应。必要时,可以使用附书名页正面,或增加附书名页。不设附书名页时,附书名页的书名信息需列载于主书名页正面上。

(八)插页

插页是指插在图书中印有文字或图片的单页。插页用纸通常比正文用纸稍厚。

插页通常印有口号、题词、献词、作品的插图、附表、附图等。印有口号、题词、献词的插页往往设于图书的前部;印有附表、附图的插页一般设于图书的末尾;作品的插图根据整体设计需要可以设于图书的前部、中部或末尾,插页如果设于图书中部,会增加图书的装订成本。

(九)辑封与篇章页

辑封是印有分辑图书中各辑的序次或名称的书页,篇章页是印有图书各篇、章的序次或标题的书页,两者在形态上并无区别。

辑封和篇章页上印有各辑或各篇、章的标题,以及其他装饰性文字或图案。辑封和篇章页必须设置于单码面,背面可以留白,也可以印相应的正文部分。辑封和篇章页可以采用与正文书页相同的纸张一起印刷,也可以采用与正文书页不同的纸张印刷,类似夹在图书中部的插页。

三、图书的辅文

图书的主体部分是图书的正文,包括文字、图片、图像、表格等。正文是由作者创作的,展示的是作品本身的内容。

图书的辅文是与正文相对的文字,是正文的辅助部分,主要包括识别性辅文、介绍性辅文、说明性辅文、参考性辅文和检索性辅文。识别性辅文有封面文字和主书名页上文字等;介绍性辅文有内容提要、摘要、关键词、作者简介、封面宣传语等;说明性辅文有序言、前言、出版前言、编者按、凡例、后记、跋、出版后记等;参考性辅文有注释、参考文献、名词解释、译名对照表、大事年表、附录等;检索性辅文有目录、索引等。

有些辅文属于作品的组成部分,如注释、关键词、参考文献等,是由作者撰写;有些辅文不属于作品的组成部分,如作者简介、封面宣传语、出版前言、出版后记等,一般由编辑人员撰写;也可以邀请他人撰写序言等辅文。

第五节　图书的版面

图书版面是图书内容的承载页面,由文字、图表和空白部分组成。

一、版面结构

图书的版面结构可分成版心和周空两大部分,版心和周空的分界线是版口(见图 8-4)。

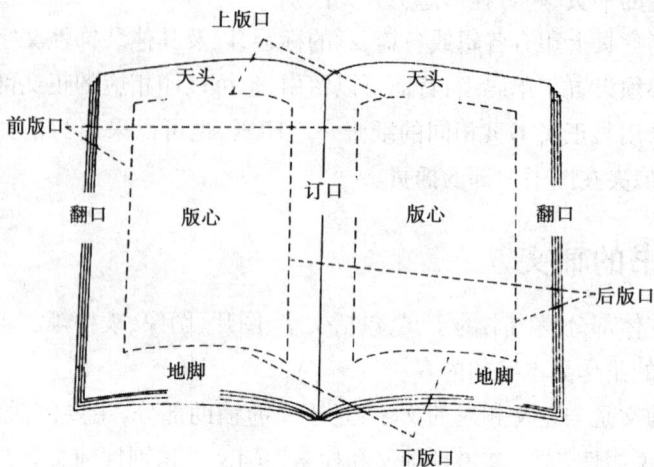

图 8-4　图书的版面结构

(一)版心和版口

版心是版面上容纳作品主体文字和图表的部分。

常用"版心宽度×版心高度"表示版心规格。如果作品主体文字或图表超过版心规格,就称"超版心";如果作品主体文字或图表超过整个版面,就称为"超版面"或"出血"。

版口指版心四周的边沿。上下左右边沿分别是上版口、下版口、左版口和右版口。

(二)周空

周空指版心四周的空白,分别为天头、地脚、订口和翻口。

周空并非完全空白,也常印有一些文字,如页眉、页码等。有时,还印有超版心或超版面的图文。

天头位于版心的上方,可印页眉、页码等;地脚位于版心的下方,可印页码和下页眉;订口位于版心内侧的书页订合处;翻口位于版心外侧。

二、版面类型

版面可以按照不同的标准分为不同的类型。

（一）按形成方式分类

按照形成方式,图书版面可以分为普通版面与和合面(见图8-5)。

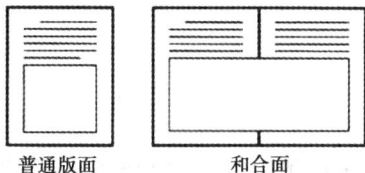

普通版面　　　　　和合面

图 8-5

普通版面由一面书页形成,和合面由左双右单两面书页对合形成一个大版面。

（二）按文字排列方向分类

按照文字排列方向,图书版面可以分为横排版面和竖排版面(见图8-6)。

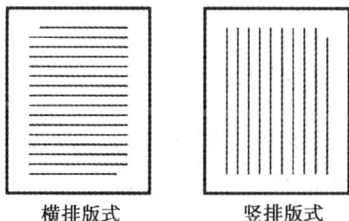

横排版式　　　　　竖排版式

图 8-6

横排版面的每行文字自左向右排列,每面各行从上到下排列,现代图书大多采用横排版面;竖排版面的每行文字自上向下排列,每面各行从右向左排列,我国古代书籍都采用竖排版面。

（三）按版心分割状况分类

按照版心分割状况,图书版面可以分为通栏版面和多栏版面(见图8-7)。

通栏版面的版心不做任何分割;多栏版面的版心被均匀地分割成几块,每一块为一栏,常见的版面有两栏、三栏等。

通栏版面　　　多栏版面

图 8-7

第六节　图书的标识

每一种图书都有唯一确定的标准化识别代码,即中国标准书号,习称"书号"。国家质量监督检验检疫总局和国家标准化管理委员会颁布的《中国标准书号》规定,采用国际标准书号作为中国标准书号。

一、中国标准书号的结构

中国标准书号由标识符"ISBN"和 13 位数字组成,如"ISBN 978-7-5624-7954-3"。其中"ISBN"是"国际标准书号"英文 International Standard Book Number 的缩写,13 位数字分为 EAN·UCC 前缀、组区号、出版者号、出版序号、校验码等五部分。

书写或印刷中国标准书号时,标识符"ISBN"使用大写英文字母,其后留半个汉字空,数字的各部分应以半字线隔开。如下所示:

ISBN EAN·UCC 前缀-组区号-出版者号-出版序号-校验码

示例:

ISBN 978-7-5624-7954-3

(一)EAN·UCC 前缀

中国标准书号数字的第一部分。由国际物品编码(EAN·UCC)系统专门提供给国际 ISBN 管理系统的产品标识编码。目前为"978"。

（二）组区号

中国标准书号数字的第二部分。它由国际 ISBN 管理机构分配。中国大陆的组区号为"7"。

（三）出版者号

中国标准书号数字的第三部分,标志具体的出版者。其长度为 2 至 7 位,由中国 ISBN 管理机构设置和分配。目前,重庆大学出版社的出版者号为"5624"。

（四）出版序号

中国标准书号数字的第四部分,由出版者按出版物的出版次序管理和编制。本书的出版序号为"7954",即是重庆大学出版社出版的第 7954 种书。

（五）校验码

中国标准书号数字的第五部分,也是最后一位。采用模数 10 加权算法计算得出。用以检查中国标准书号编号的正确性。

二、书号的管理

经国家出版行政主管部门授权,出版单位须将中国标准书号载于图书的版本记录页和封底（或护封）上。每一出版物或其单行本均应使用不同的中国标准书号,一个中国标准书号在任何情况下均不能改变、替换或重复使用。

（一）禁止一号多用

每一种不同形式的图书都应分别使用不同的中国标准书号。具体内容包括：
①同一种图书的不同语种及盲文版均应使用不同的中国标准书号;
②同一种图书的不同装帧形式,如精装本、平装本、不同开本等均应使用不同的中国标准书号;
③图书的任何部分有较大改动,形成新的版本时,应分配新的中国标准书号;
④图书的内容相同,书名更改,应分配新的中国标准书号。

（二）重印书

图书的版本、形式和出版者均无变化,重新印刷时,不分配新的中国标准书号。如果仅仅改变定价或者修正细微差错后重新印刷,也可使用原来的中国标准书号。

（三）多卷册套书

由多卷组成的套书,应为该套图书分配一个中国标准书号。如果该套图书各卷可单独销售,每一卷也应有自己的中国标准书号,各卷的版本记录页应注明该卷的中国标准书号和整套书的中国标准书号。

（四）丛书

如果一本图书既可单独销售,也作为丛书之一出售,则应将其视为两种不同的图书,分配不同的中国标准书号。

（五）联合出版

由多个出版者共同出版或者联合编辑出版的图书,每个合作出版者均可使用各自的中国标准书号,并将其显示在版本记录页中,但只能将其中的一个中国标准书号显示为条码形式。

第七节　国家对图书质量的管理

原新闻出版总署于 2004 年 12 月颁布的《图书质量管理规定》,对图书质量的项目及其标准、图书质量管理的实施以及对图书质量的奖惩都做了相关规定。

一、图书质量的项目及其标准

图书质量包括内容、编校、设计、印制四项,分为合格、不合格两个等级。

内容、编校、设计、印制四项均合格的图书,其质量属合格。内容、编校、设计、印制四项中有一项不合格的图书,其质量属不合格。

（一）内容质量标准

《出版管理条例》第二十五条规定了任何出版物不得含有的内容,第二十六条规定"以未成年人为对象的出版物不得含有诱发未成年人模仿违反社会公德的行为和违法犯罪的行为的内容,不得含有恐怖、残酷等妨害未成年人身心健康的内容。"

凡符合以上规定的图书,其内容质量属合格;不符合以上规定的图书,其内容质量属不合格。

(二)编校质量标准

差错率不超过万分之一的图书,其编校质量属合格;差错率超过万分之一的图书,其编校质量属不合格。

图书编校质量差错的判定以国家正式颁布的法律法规、国家标准和相关行业制定的行业标准为依据。图书编校质量差错率的计算按照《图书质量管理规定》所附《图书编校质量差错率计算方法》执行。

(三)设计质量标准

图书的设计质量指的是图书的整体设计质量,包括外部装帧设计质量和内文版式设计质量。整体设计均符合国家有关技术标准和规定,其设计质量属合格;整体设计中有一项不符合国家有关技术标准和规定的,其设计质量属不合格。

(四)印制质量标准

符合我国出版行业标准《印刷产品质量评价和分等导则》(CY/T2—1999)规定的图书,其印制质量属合格;不符合《印刷产品质量评价和分等导则》(CY/T2—1999)规定的图书,其印制质量属不合格。

二、图书质量管理的实施

国家新闻出版广电总局负责全国图书质量管理工作,依照《图书质量管理规定》实施图书质量检查,并向社会及时公布检查结果。

各省、自治区、直辖市新闻出版行政主管部门负责本行政区域内的图书质量管理工作,依照《图书质量管理规定》实施图书质量检查,并向社会及时公布检查结果。

图书出版单位的主办单位和主管机关应当履行其主办、主管职能,协助新闻出版行政主管部门实施图书质量管理,对不合格图书提出处理意见。

图书出版单位应当设立图书质量管理机构,制定图书质量管理制度,保证图书质量合格。

新闻出版行政主管部门对图书质量实施的检查包括:图书的正文、封面(包括封一、封二、封三、封底、勒口、护封、封套、书脊)、扉页、版权页、前言(或序)、后记

（或跋）、目录、插图及其文字说明等。正文部分的抽查必须内容（或页码）连续且不少于 10 万字,全书字数不足 10 万字的必须检查全书。

新闻出版行政主管部门实施图书质量检查,须将审读记录和检查结果书面通知出版单位。出版单位如有异议,可以在接到通知后 15 日提出申辩意见,请求复检。对复检结论仍有异议的,可以向上一级新闻出版行政主管部门请求裁定。

三、对图书质量的奖惩措施

（一）奖励措施

对在图书质量检查中被认定为成绩突出的出版单位和个人,新闻出版行政主管部门给予表扬或者奖励。

（二）处罚措施

1. 对内容不合格图书的处罚措施

对出版内容不合格图书的出版单位,根据《出版管理条例》第六十二条规定,予以行政处罚或刑事处罚。

行政处罚主要包括:由出版行政主管部门责令限期停业整顿,没收出版物、违法所得,违法经营额 1 万元以上的,并处违法经营额 5 倍以上 10 倍以下的罚款;违法经营额不足 1 万元的,可以处 5 万元以下的罚款;情节严重的,由原发证机关吊销许可证。

违法行为情节特别严重,触犯刑律的,依照刑法有关规定,依法追究刑事责任。

2. 对编校质量不合格图书的处罚措施

对出版编校质量不合格图书的出版单位,由省级以上新闻出版行政主管部门予以警告,可以根据情节并处 3 万元以下罚款。

经检查属编校质量不合格的图书,差错率在万分之一以上、万分之五以下的,出版单位必须自检查结果公布之日起 30 天内全部收回,改正重印后可以继续发行;差错率在万分之五以上的,出版单位必须自检查结果公布之日起 30 天内全部收回。

出版单位违反本规定继续发行编校质量不合格图书的,由省级以上新闻出版行政主管部门按照《中华人民共和国产品质量法》第五十条的规定处理。

3. 对于印制质量不合格图书的处罚措施

对于印制质量不合格的图书,出版单位必须及时予以收回、调换。

出版单位违反本规定继续发行印制质量不合格图书的,由省级以上新闻出版行政主管部门按照《中华人民共和国产品质量法》第五十条的规定处理。

4.对不合格图书直接责任者的处罚措施

一年内造成三种以上图书不合格或者连续两年造成图书不合格的直接责任者,由省、自治区、直辖市新闻出版行政主管部门注销其出版专业技术人员职业资格,三年之内不得从事出版编辑工作。

小 结

图书是以纸介质为载体,主要以印刷方式复制的非连续出版物。既可由单独的一篇作品组成,也可由同一作者的多篇作品组成,还可由众多作者的作品汇聚而成。图书广义上包括装订成册的书籍和散装的地图以及各类图片。

中国图书馆分类法是将图书按其学科内容分成"马列主义、毛泽东思想,哲学,社会科学,自然科学,综合性图书"五大部类,22 个基本大类。按照图书的基本功能,图书又可分为大众图书、教育图书与专业图书。

图书外表的主要部位分别是面封、底封、书脊、书口、书顶和书根等,图书的基本组成成分包括书心和外部装帧物。开本是表示书刊幅面大小的行业用语。现代图书常用的装订样式包括平装、精装、骑马订装、线装和散页装等。

图书的结构部件分为必备结构部件和可选结构部件。其中,图书的必备结构部件包括封面、主书名页、目录页和正文书页;可选结构部件包括腰封、护封、书函、书套、衬页、环衬、附书名页、插页、辑封与篇章页等。

图书的主体部分是图书的正文,图书的辅文是与正文相对的文字,是正文的辅助部分,主要包括识别性辅文、介绍性辅文、说明性辅文、参考性辅文和检索性辅文。

图书的版面结构可分成版心和周空两大部分,版心和周空的分界线是版口。版心是版面上容纳作品主体文字和图表的部分。周空指版心四周的空白,分别为天头、地脚、订口和翻口。版面可以按照不同的标准分为不同的类型。按照形成方式,图书版面可以分为普通版面与和合面;按照文字排列方向,图书版面可以分为横排版面和竖排版面;按照版心分割状况,图书版面可以分为通栏版面和多栏版面。

每一种图书都有唯一确定的标准化识别代码,即中国标准书号。中国标准书号采用国际标准书号作为中国标准书号,由标识符"ISBN"和13位数字组成,13位数字分为 EAN·UCC 前缀、组区号、出版者号、出版序号、校验码等五部分。经国家出版行政主管部门授权,出版单位须将中国标准书号载于图书的版本记录页和封底(或护封)上。每一出版物或其单行本均应使用不同的中国标准书号,一个中国标准书号在任何情况下均不能改变、替换或重复使用。

图书质量包括内容、编校、设计、印制四项,分为合格、不合格两个等级。内容、编校、设计、印制四项均合格的图书,其质量属合格。内容、编校、设计、印制四项中有一项不合格的图书,其质量属不合格。国家新闻出版广电总局负责全国图书质量管理工作,依照《图书质量管理规定》实施图书质量检查,并向社会及时公布检查结果。

思考与练习

1. 什么是图书? 图书有哪些特点?

2. 大众图书、教育图书和专业图书的主要区别是什么?

3. 图书外表各个部分的名称叫什么?

4. 什么是图书的开本? 大型开本、中型开本、小型开本的范围分别是多少? 竖开本和横开本有什么区别?

5. 图书常用的装订样式有哪些?

6. 图书的必备结构部件有哪些? 可选结构部件有哪些? 这些部件分别承载哪些著录项目?

7. 什么是图书的辅文? 图书有哪几种辅文? 每种辅文分别包括哪些内容?

8. 什么是图书的版面? 图书版面由哪几部分构成?

9. 有哪几种版面类型?

10. 中国标准书号由哪几部分组成?

11. 禁止一号多用的具体内容有哪些?

12. 重印书、多卷册套书、丛书、联合出版等对书号的使用有哪些规定?

13. 图书质量的项目有哪些?

14. 内容质量和编校质量的标准是什么？

15. 国家对图书质量实施的检查包括哪些内容？如何实施？

16. 国家有哪些对图书质量的奖惩措施？

第九章

期　刊

学习目标

通过本章的学习,对期刊和期刊出版的相关概念有一个较为全面的认识,对《期刊出版管理规定》有基本的了解,能够正确认识并了解期刊出版的基本规律。

知识要点

了解国内外关于期刊的概念;掌握期刊的定义;掌握期刊的特征;了解《期刊出版管理规定》的基本内容;掌握期刊的标准化标志;掌握期刊国内外刊号的正确表示方法;熟悉期刊的形态结构;熟悉期刊的不同分类方法。

第一节　期刊概述

　　期刊作为出版物中一种特有的形态,有其自身的特点和运作规律。一般人都接触过期刊,甚至喜欢阅读期刊,但期刊对大多数人来说,好比是一个熟悉的陌生人,要准确地描述期刊,往往语焉不详,或含糊其辞。那么,什么是期刊呢? 期刊具有哪些特征呢? 期刊和图书、报纸等纸质出版物的区别在哪里呢?

一、期刊的定义

　　期刊是出版物的一种,诞生至今已有300多年历史。在当今出版业中,期刊作为一个重要的出版物种类,不仅持续稳定地向前发展,同时,伴随网络出版的兴起,网络期刊也异军突起,令人目不暇接。

　　关于期刊的定义,众说纷纭,各有短长。我们试举一些主要的观点做一个分析判断。

　　1964年11月,联合国教科文组织对期刊的定义:"凡是同一标题连续不断(无限期)定期与不定期出版,每年至少出一期(次)以上,每期均有期次编号或注明日期的称为期刊。"

　　1978年版《现代汉语词典》中对期刊的定义:"期刊,定期出版的刊物,如周刊、月刊、季刊等。"

　　2005年12月开始实行的《期刊出版管理规定》对期刊的定义:"本规定所称期刊又称杂志,是指有固定名称,用卷、期或者年、季、月顺序编号,按照一定周期出版的成册连续出版物。"

　　2008年版徐柏容《期刊编辑学概论》中对期刊的定义:"期刊是一种定期出版的连续出版物,它按一定的方针编辑,刊登众多作者多样内容的文章,并以固定刊名、相对固定的形式顺序编号、成册出版。"

　　2009年版《辞海》中对期刊的定义:"期刊亦称'杂志'。根据一定的编辑方针,将众多作者的作品汇集装订成册。定期或不定期的连续出版物。每期版式大体相同。有固定名称,用卷、期或年、月顺序编号出版。有专业性和综合性两类。"

　　2011年版全国出版专业职业资格考试辅导教材《出版专业实务(中级)》中对

期刊的描述是："期刊是有固定名称,用卷、期或者年、季、月顺序编号,以印刷方式复制的,以纸介质为载体的,成册的连续出版物。"

我们列出了来自中国政府、联合国教科文组织、教科书、工具书、专家对期刊的不同说法,大同小异,却不完全相同。这种差异充分表明,对有着300年历史的期刊,我们已经有了基本的了解和共识,但到目前为止,还无法形成一个为各方广泛接受和认同的观点,从中也折射出我们对期刊及期刊的运作规律尚未真正了解。

纵观以上六种说法,其相同的认识点是:期刊是一种连续出版物;期刊是有固定名称的;期刊的出版是有周期的。而差异主要表现在:或描述过于简单,如《现代汉语词典》、联合国教科文组织;或列举不当,如《现代汉语词典》将期刊刊期列举为周刊、月刊、季刊等,列举本身无法穷尽,且作为定义过于具体,并不妥当;同样,《辞海》列举期刊有专业性和综合性两类,也不合适,按照期刊的特点,可以有多种分类方法,作为定义,仅举其中一种分类,还不如不举更合适;或限制较大,如2011年版全国出版专业职业资格考试辅导教材《出版专业实务(中级)》中认为期刊是"以印刷方式复制的,以纸介质为载体的,成册的连续出版物",这一判断本身没有错,但忽略了网络时代如雨后春笋般出现的网络期刊,按照如此定义,则有着期刊所有属性,仅仅是介质不同的网络期刊将被摒弃在期刊之外,不尽合理。比较而言,徐柏容《期刊编辑学概论》中对期刊的定义更宏观完整,且将别人没有涉及的期刊特点,如期刊"刊登众多作者多样内容的文章……以固定刊名、相对固定的形式"出版等,这些更接近期刊事实规律的描述,令人信服。

因此,根据以上分析,我们对期刊做如下定义:期刊是一种定期出版的连续出版物,它按一定的方针编辑,刊登众多作者多样内容的文章,并以固定刊名、相对固定的形式顺序编号、成册出版。

二、期刊的特征

从期刊定义来看,期刊的特征是非常鲜明的,与图书、报纸的区别也是比较明显的。

(一)期刊的主要特征

期刊的特征归纳起来主要有以下六个方面:

1. 期刊是连续出版物

所谓连续出版物,指的是用同一名称,以卷、期或年、月、日顺序编号,连续出版的出版物。显然,在现有出版物中,具备这一特征的是期刊与报纸。

2. 期刊是定期出版的

定期出版指的是同一本期刊各期之间的出版间隔是固定的。按照出版间隔周期，可以划分为：周刊、半月刊、月刊、双月刊、季刊、半年刊、年刊等。

3. 期刊是按一定的编辑方针编辑出版的

期刊是连续出版物，是一期一期分别编辑完成，并陆续出版。但无论是从外观形式，还是内容风格，不同期的期刊表现出的，却是基本相同的价值取向和编辑风格，体现出的编辑方针是统一连贯的。

4. 期刊的内容是多样的，作者是众多的

所谓内容的多样，是期刊被称为杂志的原因，即期刊刊登的文章内容兼容并包，主题不同、题材不同、体裁不同、观点不同、篇幅长短不同、有文有图、有文无图、无文有图等可以同时容纳在一本期刊中。同时，这些内容多样的文章，出自众多作者之手。

5. 期刊的篇幅是相对固定的，形式也是相对固定的

期刊所用的纸张、开本、印张、定价、版式，甚至封面设计装帧，在一定时间段内是固定不变的。即使改版，调整纸张、开本、定价、版式等内容，在改版完成之后，也会在一定时间段内保持不变。

6. 期刊是成册出版的

所谓成册出版，对纸质期刊来说，是指装订成册，且大多数是平装成册，然后出版；对网络期刊来说，也是按照顺序编号，单独成册，分别出版。

（二）期刊与图书、报纸的区别

1. 期刊与图书的区别

期刊与图书的区别主要表现在以下七个方面：

（1）连续性

期刊是连续出版物，一种期刊可以用同一种刊名无限期地进行内容不重复的出版。每一期期刊自行成册，单独存在，单独出售；同时，每一期期刊从内容到形式又必须遵守连续性要求。而图书则每种都是单独的存在，图书与图书之间不存在连续的关系，形式与内容都可以有不同的改变。

（2）多样性

期刊是由众多作者撰写的内容多样的文章编辑而成，因此，每期期刊的作者是众多的，来自各种层次、各个领域；期刊文章的内容、主题、观点、风格也是多样的。图书则强调完整性、系统性，一般由一个作者独自完成，即使是多个作者一起来撰写一本书，也会要求以一个主题来贯穿始终。

（3）时效性

与图书相比，期刊的性质更接近于新闻媒体。在内容编辑上，期刊要求贴近当代社会生活和学术文化前沿，及时反映当代社会各个领域所发生的最新变化，传递最新的信息和消息，表现出了较强的时效性。期刊的时效性保鲜期较短，当下一期期刊出版的时候，已经出版的这期期刊的时效性将大打折扣，甚至马上过时。而图书的编辑出版更强调文化的积累与传承，不追求时效性，或者回避时效性，着重的是对社会文化的长远影响。

（4）时间性

期刊出版有固定的周期要求，如周刊要求以一周为时间单位，循环出版；月刊要求以一月为时间单位，循环出版；等等。期刊出版必须严格遵守时间要求，在规定的时间准时出版。而图书并不严格讲究时间性，图书出版可以在合同规定的时间里出版，也可能因为意外延误出版，甚至放弃出版。

（5）一次性

期刊的销售周期较短，一般与出版周期相吻合。期刊可以出版合订本，但单独出版的每期期刊不会再版，非特殊情况，也不会重印。而图书的销售周期较长，往往可以进行多次重印，甚至多次再版。

（6）定向性

期刊的读者群往往是相对固定的，比较明确，因此，期刊可以采取预订的方法定向发行。而图书的读者对象往往并不十分明确，虽然发行前会对读者市场做一个预判，但准确与否，还要在实际的发行过程中进行确认。

（7）平台性

期刊除了传播内容信息外，作为一个媒体的平台，还是非常好的广告载体。广告可以通过期刊传递给特定的读者群，期刊发行量的大小，决定了广告传播的范围。而图书由于读者群的相对模糊，以及发行量的不确定，一般很难得到广告商的青睐。

2. 期刊与报纸的区别

期刊与报纸的区别主要表现在以下六个方面：

（1）连续性

期刊与报纸都是连续性出版物，都与当今的社会生活密切相关，都以传播最新消息与信息为己任，但两者的差别还是明显的。报纸侧重的是报道及时消息，传播新闻，强调一个快字，即使是发表评论，也是以新闻为出发点的。而期刊侧重的是展示、分析、评论、教育、娱乐、陶冶等功能，强调一个"全"字，或者一个"深"字。即使是报道新闻事件，期刊的重点也不会放在新闻消息本身，而是放在新闻的深层次挖掘、新闻的多角度透视、新闻的背景分析等上面。

(2)时效性

期刊与报纸都强调时效性,但由于出版周期的限制,报纸中最有代表性的是日报,而期刊中最有代表性的是月刊,因此,在报道消息、传播新闻的时效性方面,报纸更胜一筹。

(3)时间性

期刊与报纸都有时间性要求,都有固定的出版周期,但报纸的出版周期要比期刊短得多。报纸以日报为主,还有周二报(一周出版 2 次),周三报(一周出版 3 次)、周报等。而期刊出版周期最短的是周刊,长的要以年为单位了。

(4)拓展性

在内容容量方面,期刊比报纸要更为灵活一些。对一些重点选题内容,报纸限于版面,很难做完整的拓展性报道,一般是采用连续报道的方式来解决问题。而期刊可以采用封面文章的形式,以超过 1/2 的容量篇幅做拓展性报道,甚至可以做某个主题的专刊。

(5)流畅性

在版面设计上,期刊强调内容的完整流畅,有序衔接,一般不转页,以接排为主。而报纸强调版面的丰富性,以及重点突出要求,同一版面可以有多篇文章同时转排其他版面。

(6)外在形态

期刊的开本一般最常见的是 16 开、大 16 开、32 开、大 32 开四种形式,并且装订成册后出版。报纸一般最常见的是对开、4 开、8 开三种形式,并且以散张的形式,折叠后出版。

三、国家关于期刊的出版管理规定

2005 年 12 月 1 日开始正式实行的原国家新闻出版总署《期刊出版管理规定》,对国内期刊的创办、编辑、发行等都做了详细的规定。我们选择最主要的一些规定内容分别做介绍。

(一)关于创办期刊的规定

1.期刊出版单位的条件

期刊必须由依法设立的期刊出版单位出版。所谓依法设立,是指期刊出版单位必须是按照国家有关规定设立,并经国家新闻出版广电总局的批准,履行注册登记手续。

期刊出版单位创办期刊,其自身应当具备一系列的条件:

第一,拟创办的期刊要有确定的、且不与已经存在的现有期刊重复的刊名。

第二,期刊出版单位要有自己的名称、章程。

第三,期刊出版单位要具有符合国家新闻出版广电总局认定条件的主管单位和主办单位,换言之,没有经过国家新闻出版广电总局认定,或国家新闻出版广电总局不认可的主办单位和主管单位,均无资格出版期刊。

第四,期刊出版单位要有明确的出版业务范围,市场定位明确,读者群定位明确,不能随便跨范围、跨领域出版期刊。

第五,期刊出版单位必须具备一定的经济实力,拥有30万元以上的注册资本。

第六,期刊出版单位要设立有适应期刊出版活动所需要的组织机构,要拥有符合国家规定条件的编辑专业人员,如果没有符合条件的编辑,就不能进行期刊的出版活动。所谓国家规定条件,是指编辑人员需通过全国出版专业职业资格考试,获得从业必需的职业资格证书。

第七,期刊出版单位的工作场所,必须与主办单位在同一行政区域内。

第八,期刊出版单位要有确定的法人代表,或者主要负责人,该法人代表或主要负责人必须是中国公民,并且长久居住在国内。换言之,外国公民是不能担任中国期刊的法人代表或主要负责人,即使是中国公民,如果不是长久居住在国内,而是经常居住在国外,也不能担任期刊的法人代表或主要负责人。

第九,两个或两个以上主办单位合办一份期刊,必须明确一个主要的主办单位,并由这个主要的主办单位办理申报审批手续。而且,这个主要的主办单位必须与期刊出版单位在同一行政区域内。

2. 创办期刊的申报过程

期刊出版单位创办期刊需按规定进行申报,由国家新闻出版广电总局审核批准。

第一,拟创办期刊的主办单位,按要求填写《期刊出版申请表》,并同时准备相关的资质证明文件材料,向国家新闻出版广电总局提出申请。

第二,国家新闻出版广电总局在接到申请的90天内,进行审核,做出决定。如果国家新闻出版广电总局批准期刊的创办,将向申报的期刊主办单位发出书面的批准文件。

第三,期刊主办单位持批准文件,向所在地的省级新闻出版局领取并填写《期刊出版登记表》。省级新闻出版局审核后,向期刊主办单位发放《期刊出版许可证》。

第四,期刊主办单位持《期刊出版许可证》,到当地工商行政管理部门办理登记手续,领取营业执照。

第五,期刊主办单位在创办期刊申请获得批准以后,如是公开发行的期刊,可以向ISSN中国国家中心申领国际标准连续出版物号,并向国家新闻出版广电总局申领国内统一连续出版物号和条形码。

需要特别指出的是,一个国内统一连续出版物号只能对应出版一种期刊,即通常所说的一刊一号。不得用同一个国内统一连续出版物号出版不同版本的期刊。如果需要出版不同版本的期刊,必须按创办新期刊办理申报审批手续。

(二)关于期刊发行范围的规定

我国期刊的发行范围分为公开发行和内部发行。公开发行的期刊可以申领一个国内统一连续出版物号、一个国际标准连续出版物号和一个条形码,可以向国内外公开征订、发行。内部发行的期刊,俗称内刊,只能在中国境内,按主管单位指定的范围发行,不得在社会上公开发行、陈列。

(三)关于期刊变更登记的规定

期刊出版单位如果改变单位名称,或者与其他单位合并,或者分立,或者改变原先的资本结构,或者改变期刊的刊名,或者原主办单位、主管单位发生变化,或者登记地发生变化,或者改变业务范围(包括办刊宗旨、文种),或者改变出版周期,只要发生以上情况中的任何一种,期刊出版单位都必须按照创办新期刊的规定,重新办理申报审批手续。

期刊出版单位如果想要改变期刊的开本大小,或者变换法定代表人或主要负责人,或者在同一登记地内变更地址,必须向所在地的省级新闻出版局备案。

期刊如果因故想要休刊,暂缓一段时间出版,必须要向所在地的省级新闻出版局备案,并说明休刊的理由和期限。期刊休刊时间最长不能超过一年。如果休刊时间超过一年,国家新闻出版广电总局将撤销其《期刊出版许可证》,所在地的省级新闻出版局也同时会注销其原先的登记。

期刊如果因故想要停止出版,必须向所在地的省级新闻出版局办理注销登记,并上报国家新闻出版广电总局备案。同时,与期刊同名的期刊出版单位,也必须到原来登记的工商行政管理部门办理注销登记。已经注销登记的期刊和期刊出版单位,不得再以原名称从事出版和经营活动。

(四)关于期刊刊号的规定

期刊刊号包括国内统一连续出版物号和国际标准连续出版物号两部分,是公开发行的正式期刊的重要标志。

国内统一连续出版物号简称国内统一刊号,从 1987 年开始使用,由国别代码、期刊登记号、分类号三个部分组成。如《读者》的国内统一刊号是:CN 62-1118/Z。其中,"CN"是中国的国别代码,我国所有期刊刊号的这一部分都是相同的;"62-1118"是期刊登记号,"62"是地区代码,"1118"是期刊的登记编号;"Z"是分类号,是《中国图书馆图书分类法》的大类或二级类目的代号。

国际标准连续出版物号简称国际标准刊号,译自其英文名称 International Standard Serial Numbering,缩写即:ISSN。国际标准刊号由国际标准刊号标志和刊号两个部分组成。如《读者》的国际标准刊号是:ISSN 1005-1805。其中,"ISSN"是国际标准刊号标志;"1005-1805"是国际标准刊号,前 7 个数字"1005-180"是期刊的序号,最后一个数字"5"是校验号,用来校验期刊序号是否书写打印有误。

由于公开发行的期刊拥有国内统一刊号和国际标准刊号,为科学方便地使用,将两号统一起来,组成中国标准刊号。

中国标准刊号由国内统一刊号和国际标准刊号两部分组成,国际标准刊号在上,国内统一刊号在下,中间用一横线分隔。如《读者》的中国标准刊号是:

ISSN 1005-1805
CN 62-1118/Z

按照规定,中国标准刊号应每期印于封底或版权页上固定、明显的位置。

(五)关于期刊编辑出版的规定

1.关于期刊的编辑活动

关于期刊的编辑活动,主要有如下规定:

第一,期刊实行责任编辑制度,刊载的内容必须符合国家法律、法规的规定。

第二,期刊刊载的内容如果不真实、不公正,导致公民、法人或者其他组织的合法权益受到侵害,期刊出版单位应当公开更正,消除影响,并依法承担其他民事责任。被侵害者如果要求期刊做出答辩或更正的,期刊出版单位应当在最近出版的一期期刊上予以发表。

第三,期刊如果刊载涉及国家安全、社会安定等重大选题的内容,必须按照重大选题备案管理规定办理备案手续。

第四,公开发行的期刊不得转载、摘编内部发行出版物(包括内刊和其他内部资料性出版物)的内容。期刊可以转载、摘编互联网上的内容,但必须对其内容进行核实,并注明下载文件的网址、下载日期等信息。

第五,期刊出版单位如与境外出版机构开展合作出版项目,必须报请国家新闻出版总署的批准。

第六，期刊出版单位不得出卖、出租、转让本单位名称，以及所出版期刊的刊号、名称、版面，也不得转借、转让、出租或出卖《期刊出版许可证》。

第七，期刊的采编业务必须与期刊的广告经营业务严格分开，禁止以采编报道牟取不正当利益，禁止刊登任何形式的有偿新闻。期刊的广告经营者应在合法授权范围内，开展广告经营、广告代理业务，不得参加期刊的采访、编辑等出版活动。

第八，期刊出版单位的新闻采编业务资格由国家新闻出版广电总局认定。具有新闻采编业务资格的期刊，其新闻采编人员从事新闻采访活动，必须持有国家新闻出版广电总局统一颁发的新闻记者证；其出版单位如在登记地以外的地区设立记者站，参照原国家新闻出版总署的《报社记者站管理办法》，必须报拟设记者站所在地的省级新闻出版局批准。其他期刊出版单位一律不得设立记者站。

2. 关于期刊的标准化标志

（1）版本记录与刊号

期刊必须在封底或者版权页上刊登版本记录，内容包括：期刊名称、主管单位、主办单位、出版单位、印刷单位、发行单位、出版日期、总编辑（主编）姓名、发行范围、定价、国内统一连续出版物号等；领取有国际标准连续出版物号的期刊，必须同时刊印国际标准连续出版物号；经营广告业务的，必须同时刊印广告经营许可证号。

（2）刊名与顺序号

期刊必须在封面的明显位置刊载期刊的名称和年、月、期、卷等顺序编号，封面上的其他文字不得比刊名更明显，也不能以总期号代替年、月、期号。期刊如刊印外文刊名，其外文刊名必须是中文刊名的直译。

外文期刊封面上，必须同时刊印中文刊名。少数民族文种的期刊，其封面上必须同时刊印汉语刊名。

3. 关于出版增刊

期刊可以根据需要，在正常刊期之外出版增刊。每种期刊每年可以出版两期增刊。

期刊出版单位如欲出版增刊，必须事先由主办单位报所在地的省级新闻出版局审核批准，并在申请报告中，说明拟出增刊的文章编目、印数、定价、出版时间、印刷单位等信息。申请获得批准的，由省级新闻出版局发给一次性增刊许可证。

增刊的内容必须符合正刊的业务范围，开本和发行范围必须与正刊相一致。

增刊的版权页上，除刊登与正刊相同的版本记录以外，还必须刊印增刊许可证编号，并在封面上刊印正刊名称，注明"增刊"字样。

4.关于出版合订本

期刊出版合订本,必须按照期刊原来的出版顺序进行装订,不得对期刊内容另行编排。

期刊合订本的封面上,必须刊印正刊的刊名,并注明"合订本"字样。

期刊如果有内容因为违法,曾被新闻出版行政主管部门给予行政处罚的,该期期刊与该内容相关的篇目不得收入合订本。已经注销登记的期刊,不得制作出版合订本。

(六)关于期刊广告经营的规定

期刊出版单位利用其期刊开展广告业务,首先必须向所在地的工商行政管理部门提出申请,经过批准登记获得经营资格后,方可开展广告经营业务。具备广告经营资格的期刊,必须在每期期刊的版本记录中注明广告经营许可证号。

期刊经营广告,必须遵守广告法的有关规定,依法查验有关证明文件,核实广告内容,不得刊登有害、虚假广告。

第二节　期刊的种类

期刊有多种分类方法,根据不同的分类方法,可以将期刊划分成不同的种类。对期刊进行分类,其目的是为了更好地了解期刊的共性和特性,更好地了解期刊编辑出版的规律。

一、按期刊管理需要分类

根据原国家新闻出版总署《期刊出版管理规定》,从期刊出版管理角度可以把期刊划分成两大类。

1.公开发行期刊

公开发行期刊,即必须经过国家新闻出版广电总局正式批准,取得国内统一连续出版物号的期刊。

2.内部发行期刊

内部发行期刊,只需要取得所在地省级新闻出版局批准颁发的准印证就行了。

二、按形式分类

从期刊外在形式包括刊型、开本、刊期,可以将期刊划分成不同类型。

(一)按刊型分类

1. 大型期刊

大型期刊,指篇幅较多,容量较大的期刊,如《收获》《十月》等。

2. 中型期刊

中型期刊,指篇幅中等、容量一般的期刊,如《人民文学》《读者》等。

3. 小型期刊

小型期刊,指篇幅较小、容量较小的期刊,如《故事会》《咬文嚼字》等。

(二)按开本分类

国内期刊最常用的开本主要是四类:16 开、大 16 开、32 开、大 32 开。一般而言,大型期刊通常使用大开本,小型期刊通常使用小开本。

(三)按刊期分类

期刊按出版周期分类,可分为:周刊、半月刊、月刊、双月刊、季刊、半年刊、年刊等。

刊期的长短与期刊的内容密切相关,如时事性期刊时间性强,多选择周刊;学术类期刊时间性不强,多选择月刊或双月刊。

三、按内容分类

期刊根据所刊登的内容及内容所适应的读者,也可以划分成不同的种类。

(一)按读者对象分类

期刊的内容取决于期刊读者对象的定位,不同的读者,对内容的需求是不同的。

1. 按读者性别分类

(1)男性期刊

以男性为主要读者对象的期刊以前并不多见,但近年来开始逐渐出现,如《时尚先生》等。

（2）女性期刊

以女性为主要读者对象的期刊历史悠久，品种繁多，且发行量一般都较为可观，如《世界时装之苑》《时尚》等。

2. 按读者年龄分类

（1）婴幼儿期刊

以婴幼儿及新母亲为主要读者对象的期刊，如《婴儿画报》《妈咪宝贝》等。

（2）少儿期刊

以少年儿童为主要读者对象的期刊，如《儿童时代》《少年文艺》等。

（3）青年期刊

以青年为主要读者对象的期刊，如《青年一代》《中国青年》等。

（4）老年期刊

以老年人为主要读者对象的期刊，如《中国老年》《老年天地》等。

3. 按读者职业分类

根据读者的职业不同，如工人、农民、军人、警察、教师、企业家、金融家……可将期刊做相应分类，如《中国工人》《当代工人》《新农民》《环球军事》《警察》《教师》《中国企业家》《中国金融家》等。

（二）按内容层次分类

期刊的内容层次不同，其所针对的读者对象也不同。根据期刊内容层次，可分为三类：

1. 高级性期刊

高级性期刊，一般为学术性期刊，主要面向高级知识分子、领导层读者。如《哲学研究》《读书》《北京大学学报》等。

2. 通俗性期刊

通俗性期刊，即普及性期刊，主要面向普通大众读者，如《科学画报》《大众电影》等。

3. 一般性期刊

一般性期刊，指面向一般读者，内容介于高级性期刊和通俗性期刊之间的期刊，如《读者》《三联生活周刊》等。

（三）按内容性质分类

期刊按内容性质进行分类，是期刊基本的、也是重要的一种分类方法。期刊根据内容性质进行分类，有三种分类结果：

①综合性期刊、专门性期刊。

②自然科学期刊、社会科学期刊、人文科学期刊、文学艺术期刊。

③理论学术性期刊、文化知识性期刊、文学艺术性期刊、文选文摘性期刊、生活娱乐性期刊等。

四、按市场分类

根据期刊销售市场的不同,可将期刊分为商业期刊、公共关系期刊、其他期刊三大类。

(一) 商业期刊

商业期刊可分为消费类期刊和行业期刊两大类。

1. 消费类期刊

消费类期刊的内容主要包括食品、服装、汽车、电器、文化用品、家庭用品等各类消费品,其目标读者是消费者,如《名车志》《上海服饰》等。

2. 行业期刊

行业期刊的内容主要是某一行业的专门信息,其目标读者是某一相同专业、职业或行业的人,如《广告时代》《食品天地》《出版人》等。

(二)公共关系期刊

公共关系期刊,即企业内部发行的期刊,是为企业员工之间交流,或弘扬企业文化,或树立企业品牌形象而出版的期刊,如《万科周刊》等。

(三)其他期刊

其他期刊常见的主要有以下三类:

1. 文学期刊

以刊发文学作品为主,一般广告较少,发行量也不大,如《收获》《小说月报》等。

2. 星期日期刊

星期日期刊,一般是由报社编辑的以周刊形式出版的期刊,如上海报业集团编辑出版的《新民周刊》;《北京青年报》社编辑出版的《北京青年周刊》等。

3. 专业性和学术性期刊

主要是刊载某一专业、学科或某一学术领域研究型文章的期刊,如《清华大学学报》《复旦大学学报》等。

第三节　期刊的结构部件

　　期刊的出版从外在形式来说,必须符合一定的规定,满足一定的条件。这些规定和条件组成了期刊的结构部件。期刊的结构部件包括必备部件和可选部件。

一、必备部件

　　期刊必备部件包括封面、目次页和正文书页。

(一)封面

1.面封

　　期刊封面上必须刊载刊名,且期刊刊名应是面封上最为显著的文字。同时,面封上还必须刊印期刊的年、月、卷、期等顺序编号、国内统一连续出版物号、国际标准连续出版物号、条形码。

　　由于期刊是众多作者撰写的众多作品汇编而成,因此,期刊面封上不必刊印作者姓名。至于出版单位,由于一段时间内,出版单位是稳定不变的,所以,是否在面封上刊印出版单位,可根据实际情况需要灵活掌握。

　　期刊面封上还有一个重要的内容,就是刊印当期期刊中的封面故事和主打文章的标题,以向读者做宣传推广。

2.底封

　　期刊的底封主要用来刊登广告。在底封下方,必须刊印国内统一连续出版物号、国际标准连续出版物号和定价。

　　底封也可以刊印期刊的版本记录,包括主管单位、主办单位、出版单位、印刷单位、发行单位、出版日期、总编辑(主编)姓名、发行范围、定价、国内统一连续出版物号、国际标准连续出版物号、广告经营许可证号等。

3.书脊

　　期刊的装订主要有骑马订、平装两种样式。对于平装样式的期刊来说,如果期刊容量不大,期刊的书脊就会比较窄,难以刊印文字;如果期刊的容量较大,期刊的书脊达到一定的宽度,此时,应该在书脊上刊印期刊的刊名,以及年、月、卷、期等顺序编号,以方便读者阅读。

4.封二、封三

期刊的封二、封三通常是利用来刊登广告。如果没有广告,则可以刊登一些以图片为主的选题内容。期刊的封二也可以用作为目次页。

(二)目次页

目次页,即目录页。其上方应标明刊名,年、月、卷、期等顺序编号,出版日期等,并用较为显著的字体、字号刊印"目录"两字,作为标题。

期刊详细而完整的版本记录,一般应刊印在目次页上。

期刊的目录应列出当期期刊全部文章的标题,以及文章所在的页码。如果需要,也可以列出作者姓名。

期刊目次页的位置及编排设计均较图书来得灵活。其位置可安排在封二后的第一面,或以后几面,也可安排在封二(这种情况较为少见)。其编排设计中所用字体、字号并不要求统一,可根据需要适当放大或缩小,同时,还可在目次页上插印图片,以增加版面效果。一般而言,目次页在期刊中的位置及编排设计格式,在一段时间内应保持不变。

(三)正文书页

期刊正文书页的情况与图书的正文书页基本相同,参看图书正文书页的介绍。

二、可选部件

期刊的可选部件较少,通常能用到的主要是插页。

期刊的插页用纸一般比正文用纸要稍厚重一些。期刊插页主要用来刊登广告,或刊登以图片为主、强调视觉效果的特殊选题。

小　结

期刊是一种定期出版的连续出版物,它按一定的方针编辑,刊登众多作者多样内容的文章,并以固定刊名、相对固定的形式顺序编号、成册出版。创办期刊必须按规定向国家新闻出版广电总局提出申请,经批准后方可编辑出版。期刊编辑发行、出版增刊、出版合订本、刊登广告等必须按照《期刊出版管理规定》的要求进行。期刊的结构部件包括必备部件和可选部件,必备部件包括封面、目次页和正文书页,可选部件主要是插页。

思考与练习

1.什么是期刊?期刊有哪些特征?

2.期刊与图书、报纸的区别各有哪些?

3.创办期刊需要什么条件?

4.期刊的标准化标志是什么?

5.中国标准刊号是如何表示的?

6.期刊出版增刊、合订本有哪些具体规定?

7.期刊广告经营有哪些要求?

8.期刊的结构部件有哪些?

第十章

报　纸

学习目标

通过本章的学习,对报纸的概念和报纸的出版活动有一个基本的认识,对《报纸出版管理规定》的基本内容有比较全面的了解,从而能够认识并了解报纸出版的基本规律。

知识要点

了解报纸的概念;掌握报纸的定义;掌握报纸出版的特征;熟悉报纸的标准化标志;熟悉《报纸出版管理规定》的基本内容;掌握报纸的形式结构和内容结构。

第一节 报纸概述

报纸作为书、刊、报三大纸质出版物之一,具有自己鲜明的特点和运作规律。报纸是我们日常生活中司空见惯的主要平面传播媒体,我们应该怎样准确地认识报纸呢? 报纸又有哪些主要特征呢?

一、报纸的定义

关于报纸的定义,说法较多,各有千秋。我们选择主要的几种观点列举如下:

《新闻学简明辞典》中对报纸的定义:"以刊登新闻为主的面向公众发行的定期出版物。"

《简明出版百科辞典》中对报纸的定义:"以报道(传播消息)为中心进行编辑,向不固定的及固定的众多读者公布的定期出版物。"

《简明不列颠百科全书》中对报纸的表述:"出版物的一种,通常每天或每周出版,刊登消息,就时事及其他普遍关心的事件发表评论。"

2005 年 12 月 1 日起施行的《报纸出版管理规定》中对报纸如此定义:"是指有固定名称、刊期、开版,以新闻与时事评论为主要内容,每周至少出版一期的散页连续出版物。"

纵观以上四种说法,各有异同,比较一致的观点是:报纸是定期的出版物,且以刊登新闻报道为主。《新闻学简明辞典》和《简明出版百科辞典》特意注明,报纸是面向公众发行的,而公众可能是固定的,也可能是不固定的。这样的限制性说明是否有必要,值得商榷。《简明不列颠百科全书》指出,报纸"通常每天或每周出版",点出了报纸主要的出版形式,但如此说明,反而产生了局限,因为报纸除日报、周报外,尚有其他出版形式,如周二报、周三报等。比较而言,原国家新闻出版总署发布的《报纸出版管理规定》对报纸下的定义较为全面、宽泛,更符合报纸的本质特征。因此,我们对报纸下的较为准确的定义是:

报纸是指有固定名称、刊期、开版,以新闻与时事评论为主要内容,每周至少出版一期的定期的散页连续出版物。

二、报纸的特征

报纸具有鲜明的特征,不仅与图书、期刊有较明显的差异,而且与其他传播媒体如电视、广播、网络等也有较大的不同。

(一)报纸的主要特征

报纸的主要特征归纳起来有如下几个方面:

1.报纸是连续出版物

所谓连续出版物,指报纸是用固定名称、刊期、开版,以年、月、日顺序编号,连续出版。

2.报纸是定期出版的

定期出版指的是同一份报纸各期之间的出版间隔是固定的,且每周至少出版一期。报纸的出版周期较短,按照出版间隔周期,可以划分为日报、周报、周二报、周三报、双周报等。

3.报纸是按一定的编辑方针编辑出版的

报纸是连续出版物,是一期一期分别编辑完成,分别出版。但无论是从外观形式,还是内容风格,不同期的报纸表现出的,却是基本相同的价值取向和编辑风格,体现出的编辑方针是统一连贯的。

4.报纸是以新闻与时事评论为主要内容的

报纸最主要的功能,就是以文字和图片的形式,迅速及时地报道最近的新闻消息,以及刊登与新闻消息相关的时事性评论。

5.报纸的篇幅是相对固定的,形式也是相对固定的

报纸所用的纸张、开版、定价、版面安排,在一定时间段内是固定不变的。即使改版,调整纸张、开版、定价、版面等内容,在改版完成之后,也会在一定时间段内保持不变。

6.报纸是散页出版的

与图书、期刊不同,报纸并不装订成册,主要是以散页形式,按照顺序编号,分别出版。

(二)报纸与电视、广播、网络的区别

1.报纸与电视、广播的区别

(1)时效性

报纸是当今社会最主要的新闻媒体,出版周期短,信息传播快,除日报和晚报

外,有些报纸还在一天内出版早、中、晚等好几个版,时效性很强。但因为报纸出版一定有段时间间隔周期,与电视、广播直播相比,其时效性就要差些。

（2）广泛性

报纸的读者群非常宽泛,发行覆盖的范围也不受限制,可以弥散传播。比较而言,电视、广播都有一定的覆盖区域,其传播还受到接受设备的影响。但电视、广播有其自身优势,广播通过声音传播信息,为听众创造了较大的想象空间;电视通过图像和声音传播信息,直观明了,具有很强的视觉冲击力。因此,电视、广播对接受者的文化层次要求不高,可以容纳较为宽泛的接受人群。

（3）随意性

报纸以文字和图片为载体传播信息,容量较大。读者阅读报纸可以不受时间、地点的限制,随时随地都可以阅读,且报纸还可互相传阅,其读者数一般是印刷数的几倍。而收看电视、收听广播需要一定条件,要有接受设备,收看电视还要有相对固定的空间。脱离了接受环境,也就没有办法通过电视、广播来获取信息。

（4）主动性

报纸是纸质媒介,便于携带,易于保存,读者可以自由选择自己喜欢的内容阅读,对感兴趣的内容可以随时反复阅读。而电视、广播则是被动接受,观众的选择余地不多,喜欢的内容一旦错过,就会失之交臂。

（5）资料性

大多数报纸历史长久,信誉可靠,其提供的消息较为迅速准确,在读者心目中有一定的权威性。因此,有些读者会珍藏自己喜爱的报纸;有些读者会将需要的内容剪贴下来,作为资料保存,以备不时之需。而电视、广播因为播出的即时性,不方便保存。即使录制下来,查找和使用也不如报纸方便。

2. 报纸与网络的区别

（1）时效性

从时效性看,网络随时更新,其信息发布的间隔周期在所有媒体中是最短的,而且网络信息容量巨大,可以在最短时间里,满足读者的信息需求。但报纸的新闻信息经过层层筛选,数人把关,其可靠性和权威性相对较高,读者的认可度也较高。

（2）广泛性

虽然近年来网络的发展速度非常惊人,我国网民的人数已经突破了4亿,但与传统媒体报纸相比,还显得颇为年轻,其网民的总人数和认知度还有不小的提升空间。

（3）随意性

报纸的阅读非常方便,不受时间、空间的限制,但网络阅读依赖电脑、手机等终端设备,依赖网络的连接和畅通,两者缺一不可。同时,报纸阅读还有延展性优势,可以针对同一内容,几份报纸比对着看。但网络阅读受限于屏幕,只能通过切换窗口来实现,相对比较麻烦。

（4）互动性

网络的优势不仅在于更新快、容量大,而且能即时互动,其优势是其他任何媒体都难以企及的,包括报纸在内。

（5）全球性

互联网没有国界限制,其信息传播是瞬间的,全球性的。而报纸受制于国家、地区、语言等因素,难以在全球发行。

三、国家关于报纸的管理规定

2005年12月1日开始正式实行的《报纸出版管理规定》,对国内报纸的创办、编辑、发行等都做了详细的规定。我们选择最主要的一些规定内容分别做介绍。

（一）关于创办报纸的规定

1. 报纸出版单位的条件

报纸必须由依法设立的报纸出版单位出版。所谓依法设立,是指报纸出版单位必须是按照国家有关规定设立,并经国家新闻出版广电总局的批准,履行注册登记手续的报社。

报纸出版单位创办报纸,其自身应当具备一系列的条件:

第一,拟创办的报纸要有确定的,且不与已经存在的现有报纸重复的名称。

第二,报纸出版单位要有自己的名称、章程。

第三,报纸出版单位要有符合国家新闻出版广电总局认定条件的主管单位和主办单位,换言之,没有经过国家新闻出版广电总局认定,或国家新闻出版广电总局不认可的主办单位和主管单位,均无资格出版报纸。

第四,报纸出版单位要有明确的出版业务范围,市场定位明确,读者群定位明确,不能随便跨范围、跨领域出版报纸。

第五,报纸出版单位必须具备一定的经济实力,拥有30万元以上的注册资本。

第六,报纸出版单位要设立有适应报纸业务范围所需要的组织机构,要拥有符合国家规定条件的新闻采编专业人员。如果没有符合条件的新闻采编专业人员,就不能进行报纸的出版活动。

第七,报纸出版单位必须有固定的工作场所,且必须与主办单位在同一行政区域内。

第八,报纸出版单位要有符合规定的法定代表人,或者主要负责人,该法定代表人或主要负责人必须是中国公民,并且长久居住在国内。换言之,外国公民是不能担任中国报纸的法定代表人或主要负责人,即使是中国公民,如果不是长久居住在国内,而是经常居住在国外,也不能担任报纸的法定代表人或主要负责人。

第九,两个或两个以上主办单位合办一份报纸,必须明确一个主要的主办单位,并由这个主要的主办单位办理申报审批手续。而且,这个主要的主办单位应为其主管单位的隶属单位,且必须与报纸出版单位在同一行政区域内。

除以上条件外,设立报纸出版单位还必须符合国家对报纸及报纸出版单位总量、结构、布局的规划。

出版单位如果准备组建报业集团,中央报纸出版单位需由国家新闻出版广电总局批准;地方报纸出版单位组建报业集团,需向所在地的省级新闻出版局提出申请,经审核同意后,报国家新闻出版广电总局批准。

2. 创办报纸的申报过程

报纸出版单位创办报纸需按规定提出申请,由国家新闻出版广电总局审核批准。

第一,拟创办报纸的主办单位,按要求填写《报纸出版申请表》,并同时准备相关的资质证明文件材料,向国家新闻出版广电总局提出申请。

第二,国家新闻出版广电总局在接到申请的 90 天内进行审核,做出决定。如果国家新闻出版广电总局批准报纸的创办,将向申报的报纸主办单位发出书面的批准文件。

第三,报纸主办单位持批准文件,向所在地的省级新闻出版局领取并填写《报纸出版登记表》。省级新闻出版局审核后,向报纸主办单位发放《报纸出版许可证》,并编入国内统一连续出版物号。

第四,报纸出版单位持《报纸出版许可证》,到当地工商行政管理部门办理登记手续,领取营业执照。

一个国内统一连续出版物号只能对应出版一种报纸,即通常所说的一报一号。不得用同一个国内统一连续出版物号出版不同版本的报纸。如果需要出版不同版本的报纸,如报纸地方版、少数民族文字版、外文版等,必须按创办新报纸办理申报审批手续。

(二)关于报纸出版发行的规定

同一种报纸不得以不同开版出版;报纸所有版页必须作为一个整体出版发行,各版页不得单独发行。报纸如果出版专版、专刊,其内容应与报纸的宗旨、业务范围相一致,专版、专刊的刊头字样不得明显于报纸名称。

报纸出版单位不得以不正当竞争行为或者方式开展经营活动,不得利用权力摊派发行报纸。

(三)关于报纸变更登记的规定

报纸出版单位如果改变单位名称,或者与其他单位合并,或者分立,或者改变原先的资本结构,或者改变报纸的名称,或者原主办单位、主管单位发生变化,或者改变业务范围(包括办报宗旨、文种),或者改变出版周期,报纸出版单位都必须按照创办新报纸的规定,重新办理申报审批手续。

报纸出版单位如果想要改变报纸的开版大小,必须报所在地的省级新闻出版局批准。报纸如果变更刊期的,国家新闻出版广电总局可以委托报社所在地的省级新闻出版局审批。

报纸出版单位如果变换法定代表人或主要负责人,或者变更单位地址,必须向所在地的省级新闻出版局备案。

报纸如果因故想要连续休刊10天以上的,必须要向所在地的省级新闻出版局办理休刊备案手续,并说明休刊的理由和期限。报纸休刊时间最长不能超过180天。如果休刊时间超过180天仍不能正常出版的,由国家新闻出版广电总局撤销其《报纸出版许可证》,所在地的省级新闻出版局也同时注销其原先的登记。

报纸如果因故想要停止出版,必须向所在地的省级新闻出版局办理注销登记,并上报国家新闻出版广电总局备案。同时,与报纸同名的报纸出版单位,也必须到原来登记的工商行政管理部门办理注销登记。已经注销登记的报纸和报纸出版单位,不得再以原名称从事出版和经营活动。

(四)关于报纸编辑出版的规定

1.关于报纸的编辑活动

关于报纸的编辑活动,主要有如下规定:

第一,报纸出版实行编辑责任制度,刊载的内容必须要符合国家法律、法规的规定。

第二,报纸开展新闻报道,必须坚持真实、全面、客观、公正的原则,不得刊载虚假、失实报道。报纸因为刊载的内容虚假、失实,致使公民、法人或者其他组织的合法权益受到侵害的,报纸出版单位应当公开更正,消除影响,并依法承担相应的民事责任。被侵害者如果要求报纸做出答辩或更正的,报纸出版单位应当在最近出版的一期报纸的相同版位上予以发表。

第三,报纸发表或者摘转涉及国家重大政策、民族宗教、外交、军事、保密等内容,应严格遵守有关规定。

报纸转载、摘编互联网上的内容,必须按照有关规定对其内容进行核实,并在刊发的明显位置标明下载文件的网址、下载日期等信息。

第四,报纸发表新闻报道,必须刊载作者的真实姓名。

第五,报纸出版质量必须符合国家标准和行业标准。报纸使用的语言文字也必须符合国家有关规定。

第六,报纸出版单位不得出卖、出租、转让本单位名称,以及所出版报纸的刊号、名称、版面,也不得转借、转让、出租或出卖《报纸出版许可证》。

第七,报纸的采编业务必须与报纸的经营业务严格分开,新闻采编业务部门及其工作人员不得从事报纸发行、广告等经营活动;经营部门及其工作人员不得介入新闻采编业务。

报纸出版单位不得在报纸上刊登任何形式的有偿新闻。报纸出版单位及其工作人员不得利用新闻报道牟取不正当利益,不得索取、接受采访报道对象及其利害关系人的财物或者其他利益。

第八,报纸出版单位的新闻采编人员从事新闻采访活动,必须持有新闻出版广电总局统一核发的新闻记者证。报纸出版单位根据新闻采访工作的需要,可以依照《报社记者站管理办法》设立记者站,开展新闻业务活动。

2. 关于报纸的标准化标志

报纸出版时,必须在每期固定位置标示版本记录,内容包括:报纸名称;报纸出版单位、主办单位、主管单位名称;国内统一连续出版物号;总编辑(社长)姓名;出版日期、总期号、版数、版序;报纸出版单位地址、电话、邮政编码;报纸定价(号外需注明"免费赠阅"字样);印刷单位名称、地址;广告经营许可证号。

3. 关于出版增期

报纸可以根据需要,在正常刊期之外出版增期。出版增期应按变更刊期办理审批手续,即国家新闻出版广电总局可以委托报社所在地的省级新闻出版局进行审核批准。

增期的内容应与报纸的业务范围相一致;增期的开版、文种、发行范围、印数应与主报一致,并随主报发行。

4. 关于出版号外

报纸出版单位因为重大事件,可以出版号外;出版号外必须在报头注明"号外"字样,号外连续出版不得超过3天。

报纸出版单位必须在号外出版后15天内向所在地的省级新闻出版局备案,并提交所有号外样报。

(五)关于报纸广告经营的规定

报纸出版单位利用其报纸开展广告业务,首先必须向所在地的工商行政管理部门提出申请,经过批准登记获得经营资格后,方可开展广告经营业务。

报纸刊登广告,必须在报纸明显位置注明"广告"字样,不得以新闻形式刊登广告。

报纸出版单位发布广告,必须依据法律、行政法规的有关规定,查验有关证明文件,核实广告内容,不得刊登有害的、虚假的等违法广告。

报纸的广告经营者限于在合法授权范围内开展广告经营、代理业务,不得参与报纸的采访、编辑等出版活动。

第二节　　报纸的种类

报纸有多种分类方法,根据不同的分类方法,可以将报纸划分成不同的种类。对报纸进行分类,其目的是为了更好地了解报纸的共性和特性,更好地了解报纸编辑出版的规律。

一、按出版周期分类

报纸按照出版间隔周期划分,主要可分为以下几类:

1. 日报

日报,即每天出版一期,这是报纸最主要的形态。虽然电视、电台、网络时刻在更新内容,似乎更容易吸引读者,但实际上,对绝大多数非新闻专业的普通读者来说,时时刻刻关注新闻是不可能的,也是没有必要的。人们每天只要花一些时间关注新闻,就基本能得到满足,这也就是当今社会日报依然是最主要、最活跃的媒体的缘由所在了。

2. 周报

周报,即每周出版一期。由于出版周期较长,周报很难以新闻时事的时效性来赢得市场,因此,周报一般以做专题内容为主,选取日报有所涉及、却浅尝辄止的内容做足、做深、做透,在专业化程度、信息容量、新闻深度与厚度等方面,周报比日报更为擅长,也更为专业。

3. 周二或周三报

周二或周三报,即每周出版二期或三期。周二或周三报的新闻时效性与新闻厚重性介于日报与周报之间,一般是特殊的行业或专业的领域需要此类报纸,既满足一定的新闻需求,又能对某些专题做适度的开拓。

4. 双周报

双周报,即每两周出版一期。双周报,或出版周期再长些的报纸,由于出版周期过长,新闻时效性大打折扣,即便在新闻的深度和厚度方面做最大努力,也未必能在与时事性周刊的竞争中胜出,因此,此种类型的报纸现已不多见了。

二、按出版时间分类

报纸按照出版时间,可分为四类:

1. 早报

早报是一天中最早出版的报纸。通常,早报的截稿时间为晚上 12 点,凌晨 1 点印刷,早上 6 点以前送到读者的信箱里。

2. 日报

日报一般比早报晚 2 个小时,凌晨 2 点截稿,凌晨 3 点印刷,上午 9 点以前送到读者的信箱里。

3. 午报

午报比早报晚 4 个小时,凌晨 4 点截稿,5 点印刷,中午 12 点以前送到读者的信箱里。

4. 晚报

晚报是一天中最晚出版的报纸。通常,晚报的截稿时间为上午 11 点,中午 12 点印刷,晚上 6 点以前送到读者的信箱里。

以上所列的早报、日报、午报、晚报的截稿时间、印刷时间、出版时间,是一个大致的时间概念。由于各家报纸的人力条件及报纸所在地的印刷能力和物流能力不尽相同,因而在时间上会表现出一定的差异。

为了与电视、广播、网络等媒体竞争,报纸曾一度进行当天滚动出版的尝试,如上海解放日报报业集团曾推出《新闻晨报》《新闻午报》《新闻晚报》系列,但社会反响并不理想。现在,除《新闻晨报》因获市场认可而继续出版外,《新闻晚报》已关门歇业。《新闻午报》已改名为《新报》,从新闻类报纸变身为娱乐类报纸。

三、按收费与否分类

报纸按照收费与否,可分为两类:

1. 收费报纸

大多数报纸都是收费报纸,通过订阅、零售方式实现销售,获取利润,摊低成本,以维持报纸的正常运作。

2. 免费报纸

免费报纸在当今社会出现的频率逐渐增多,主要是基于市场竞争和营销策略的考虑,以广告利润来冲抵成本,维持运作,以报纸的免费来挤占市场,冲击对手,扩大市场占有率。典型的如专门在地铁沿线发行的《IT 时代报》等。

四、按载体介质分类

报纸按照载体介质的不同,可分为四类:

1. 纸质印刷版

纸质印刷版,即传统的以纸为载体进行印刷出版的报纸。纸质印刷版报纸依然是目前最主流的报纸。

2. 网络版

网络版,即传统纸质印刷版报纸在网络上发布,供用户在网络上订购、阅读,其内容和格式与纸质版报纸完全一致。

3. 电子版

电子版,即传统纸质印刷版报纸发布在网上,由用户下载到电子阅读器上进行阅读;或者由报社主动发送给订阅的用户,其内容和格式与纸质版报纸基本一致。

4. 手机版

严格来讲,手机版报纸应归属于电子版报纸,是用户利用手机进行订购、下载,然后进行阅读的报纸。但手机版报纸有它的特殊性,因为手机屏幕狭小,展示空间有限,所以,手机版报纸与传统纸质版报纸有较大的不同,内容做了缩减,格式也做了调整,以方便手机用户阅读。

五、按内容范围分类

报纸按照内容范围,可分为以下多种类型:

1. 综合类

如《东方早报》《新民晚报》等。

2. 政法类

如《法制日报》《上海法制报》等。

3. 经济类

如《经济日报》《华夏时报》等。

4. 金融类

如《中国证券报》《上海证券报》等。

5. 文化类

如《文艺报》《上海文化报》等。

6. 文学类

如《文学报》《中华读书报》等。

7. 艺术类

如《中国艺术报》等。

8. 科技类

如《科技日报》《青少年科技报》等。

9. 教育类

如《中国教育报》等。

10. 体育类

如《足球》《体坛周报》等。

11. 卫生类

如《大众卫生报》等。

12. 影视类

如《中国电影报》《每周广播电视报》等。

13. 生活类

如《申江服务导报》等。

14. 时尚类

如《新女报》《服饰导报》等。

六、按主要读者的分布区域分类

报纸按照主要读者的分布区域,可划分为两大类:

1. 全国性报纸

如《人民日报》《中国证券报》等是全国性报纸,其读者遍及全国各地。

2. 地方性报纸

如《上海晨报》《北京晚报》等是地方性报纸,其主要读者分布在报社所在的行政区域内。

第三节　报纸的结构部件

报纸的出版从内容和形式来说,必须符合一定的规定,满足一定的条件。这些规定和条件组成了报纸的结构部件。报纸的结构部件包括形式结构部件和内容结构部件。

一、形式结构部件

报纸是以散页形式出版,其开版大小、版面数量在一段时期内相对固定,保持不变。报纸的形式结构分头版、其他各版两大块,其承担的功能各有侧重。

(一)头版

头版,即报纸的第一版,是报纸最重要的一版。头版刊发的主要是两类信息:

首先,头版以标题、图片、文字等形式刊登最近发生的新闻,当日最重要的新闻都应该在头版得以体现。

其次,头版一般在固定位置刊登报纸的版本记录。报纸的版本记录包括:报纸名称;报纸出版单位、主办单位、主管单位名称;国内统一连续出版物号;总编辑(社长)姓名;出版日期、总期号、版数、版序;报纸出版单位地址、电话、邮政编码;报纸定价(号外需注明"免费赠阅"字样);印刷单位名称、地址;广告经营许可证号;邮发代号;条形码等。

(二)其他各版

其他各版按照报纸内容分工进行分类编排,每一版面分报眉、正文、广告三部分。报眉必须刊登与本版相关的信息,如本版分类栏目、版序、本版责任编辑、美术编辑、图片编辑、出版日期等。

二、内容结构部件

报纸的内容结构主要分新闻、专刊、副刊、评论、广告五部分。

（一）新闻

新闻是报纸的主体，一般应紧扣读者的需求，以各种形式刊登最近发生的新闻消息、新闻事件、新闻动态等。如房地产报，其刊登的主要新闻包括：房地产行业信息、政府调控房地产信息、新楼盘信息、二手房信息、房地产市场交易信息、开发商信息、市场需求、购房者信息等。

（二）专刊

专刊，是指刊登专一新闻内容的版面。除头版的主要新闻和综合性新闻外，其他各行业新闻均可以编入相应的专刊。如《新民晚报》的专刊主要有：文娱新闻、体育新闻、新民时尚、财经周刊、社会与法、现代家居、生活之友、国家艺术杂志、新民楼市等。如《东方早报》的专刊主要有文化、体育、牛市、财经、汽车、楼市、旅游周刊、艺术评论、英才周刊等。报纸的专刊是在原行业新闻专版的基础上扩版而成，为读者快速阅读自己感兴趣的新闻内容提供了方便。

（三）副刊

副刊，是相对于报纸的新闻报道版面而言的，一般主要是指刊登文学性、知识性、资料性、服务性等非新闻报道内容的版面。如《新民晚报》的"夜光杯"副刊，属于文学性副刊，专门刊登散文、随笔。

（四）评论

评论，或称言论，是报纸直接表达立场、观点、思想的主要形式。评论一般应紧扣当日的新闻焦点，或读者广泛关切的新闻事件，及时作出有理有据的分析、评判，以体现报纸的立场，并引导读者对相关新闻焦点做理性的思考。

（五）广告

广告是报纸最重要的收入来源。报纸刊登广告，一般应考虑两个问题：

首先，报纸所刊登的广告，其内容应符合报纸自身的定位，并与报纸所对应的读者群的需求相关。

其次，报纸应深入研究读者心理，总体把握好广告的刊登版面数量。广告版面过少，会立刻影响报纸的利润；广告版面过多，会引起读者反感，进而导致读者流失。一般来说，报纸总版面量多，如100版以上的大报，其广告版面量也可增多，最大比例可以超过70%；报纸总版面量少，如24版以下的报纸，其广告版面量要适当控制,比例不能太高,否则,极易造成读者阅读心理的不适。

小　结

报纸是指有固定名称、刊期、开版,以新闻与时事评论为主要内容,每周至少出版一期的定期的散页连续出版物。创办报纸必须按规定向国家新闻出版广电总局提出申请,经批准后方可编辑出版。报纸编辑发行、出版增期、出版号外、刊登广告等必须按照《报纸出版管理规定》的要求进行。报纸的结构部件包括形式结构和内容结构,形式结构包括头版、其他各版两大块,内容结构包括新闻、评论、专刊、副刊、广告五部分。

思考与练习

1. 什么是报纸? 报纸有哪些特征?

2. 报纸与电台、电视、网络的区别各有哪些?

3. 创办报纸需要什么条件?

4. 报纸的标准化标志是什么?

5. 报纸出版增期、号外有哪些具体规定?

6. 报纸广告经营有哪些要求?

7. 报纸的结构部件有哪些?

第十一章

音像制品

学习目标

通过本章的学习,使学生对音像制品的相关知识有较全面的认知,从而深入理解音像制品在各类出版物中的地位和重要性,通过对音像制品编辑制作过程和包装设计要求的掌握,为今后从事相关工作打好初步基础。

知识要点

了解音像制品的发展简史,熟悉并掌握音像制品的概念、载体及分类,掌握音像制品的特性;熟悉并了解国家对音像制品和音像制品进口管理的原则及要求,掌握中国标准录音制品编码的使用范围、编码方式及相关使用规定;熟悉并了解录音制品和录像制品的编辑和复制过程,掌握音像制品的包装设计要求。

第一节　音像制品概述

　　音像制品是人类工业时代的产物,在此之前,人类只能借助语言、绘画、专业符号等手段记录与描摹音乐、戏剧等表演。1877 年,美国大发明家爱迪生第一次用他发明的物理设备录制了一段自己朗诵的儿歌,录音技术实验的成功,标志着人类文化产品复制及其载体技术的革新。

　　由此,作为音像业前生的唱片业也随之诞生,并得以蓬勃发展。20 世纪初,随着电视及录像技术的出现,以"声"为内容的唱片业,开始迈向"声""像"二元,可分可合的"音像"出版。期间,作品复制的手段、载体品质、播放设备不断改进,仅以载体和播放设备为例,在短短半个世纪里,胶木唱片、密纹唱片、录音磁带、录像磁带,手摇唱机、电子管电动唱机、合成音响唱机、录音机、录像机等先后出现,极大地丰富了人类的娱乐生活,也影响着文化传播方式。20 世纪 80 年代,数字化技术开始进入音像业,激光唱片、激光视片、激光唱机、激光放像机等相继出现,音像制品的复制效率、音质和画面的清晰度以及载体的容量等技术指标大幅提高。在此期间,国际影视、唱片业市场不断扩大,产品制作、销售的跨国化的整合趋势凸显,音像制品凭借其价廉、高质、便捷的形态进入千家万户,在全世界范围内取得巨大成功,堪称音像出版业的黄金 20 年。不过,自 21 世纪初以来,有物理介质载体的音像出版业受到了互联网的剧烈冲击,通过互联网或无线通信网络付费下载音像产品,已形成稳定且增长迅猛的市场。在我国,尽管近几年音像制品种数呈上升趋势,但总发行量和销售量持续下滑。

一、音像制品的概念及载体

　　音像制品是采用模拟或数字信号技术,将声音、图像、连续性录像画面、文字等加以存储,经过编辑制作,复制到各种物理介质(电、光、磁介质等)载体上,并可批量生产、销售,在视听播放设备上使用的出版物。

　　根据原国家新闻出版总署制订的《音像制品出版管理规定》,音像制品按照载体划分为:录音带(AT)、录像带(VT)、激光唱盘(CD)、激光视盘(VCD)及高密度光盘(DVD)等。传统的胶木唱片和密纹唱片曾一度是音像制品的主要载体,但目前全世界范围内大多已停产,只有极少数公司接受特殊客户订制,价格昂贵。我国20世纪80年代后期,已基本停止生产传统唱片,因此在统计上,不再将其归入音像制品。

二、音像制品的分类

从产品内容形态上,音像制品可以分为录音制品和录像制品两大类。

(一)录音制品

录音制品是将声音记录在电、光、磁介质载体上,可通过相关设备再现音乐作品、语言等功能。目前,激光唱盘(CD,Compact Disc)是我国录音制品的最重要载体。盒式录音带的市场占有量大幅减少,现在市场上流通的多为语言学习方面的产品。

(二)录像制品

录像制品将动作、画面、表情和场景等记录在电、光、磁介质载体上,具有类似或再现电影、电视片的功能。音像制品的载体主要有录像带和激光视盘两类。录像带包括不同制式的普通录像带和高清晰录像带,但目前已基本退出中国市场;激光视盘包括视频光盘(LD)、数码激光视盘(VCD)、高密度激光视盘(DVD)多种类型。在这些不同类型的激光视盘中,LD在国内市场已接近退出,VCD还占有相当份额,但正在减少,DVD因其承载容量大,单片播放时间长、清晰度高等特色已成为目前市场上最主要的录像制品承载体。近几年来,我国推出了GBHD(中国蓝光高清视盘),与国际上业已出现的BD(蓝光视盘,又称高清视盘)一样,因其数据承载量的巨大以及声像效果的高品质,受到不少消费者青睐。

三、音像制品的特性

音像制品和图书、期刊、报纸等纸介质出版物相比,在编辑制作过程、产品内容表现形态的多样性、产品的著作权、产品消费使用等各个方面上既有相似之处,又有明显不同。

(一)内容表现形态的多样性

不少音像制品呈现的是综合而复杂的作品形态,往往融文学叙事和语言表述、影像与图像、音乐以及各类声音、语言文字的配音、说明等多种表现元素为一体,如影视作品、纪录片、文化艺术类表演作品、教学、教育类作品等,通过直观、生动的表现手法,在一定的时间范围内连续性地予以展现,令受众享受艺术、接受知识。在音像制品中,即使相对表现元素较少的录音制品,同样是各表现要素的综合呈现,比如评话录音作品,演员声情并茂的演绎固然重要,但语言台本的生动性、丰富性、流畅性等文学品质也至关重要,此外编辑的修改、剪辑、录音师的录音效果处理等,都影响着音像制品的品质。

(二)编辑制作过程的综合性、复杂性

音像制品内容形态的多样化特性,决定了绝大多数文化艺术形式都可以借此表现,故而音像制品的编辑、制作过程必须体现综合的特质,其编辑制作环节与流程都较为复杂。期间,不仅要对作品的文字台本、作品提纲、解说文字等作认真的审读、加工,并且需要通过艺术处理与技术手段(如选择表演人、样片剪辑合成、声像处理等),使音像作品中的多种表现元素互相匹配和谐。因此,音像制品的编辑制作投入通常较高,尤其是录像类节目,相关编辑制作费用一般远远高出图书编辑制作的投入。

(三)作品著作权的复合特性

音像制品的著作权比较复杂。由于音像制品内容表现形态的多样性,往往同一部作品复合了多种著作权。如一套 DVD 教学片,包含了教材文字、绘画、配乐、摄影、动漫设计绘制、讲授者元素,涉及教材原作、音乐、动漫、摄影、表演等多项著作权权利,这些权利缺一不可,有机地复合于同一部作品中,生成了该出版物的完整性。音像制品的各项著作权需要认真厘清,便于明晰签约。

(四)需借助设备使用

音像制品必须借助播放设备和电源方可使用,这一特点决定了消费者在拥有某一类型或多种类型的播放设备时,对相关载体类型的音像制品具有持续性需求,即不会总是使用同一部产品,而会根据喜好不断添置。因此,某一类载体的音像制品与相关类的播放设备,具有正向消费关系,只要这类播放设备的市场占有率和使用率不低,该类音像制品的整体市场便有保障。录音、录像磁带类产品从推出到退出市场,便是明显例证。

(五)重复使用率高,版本特点显著

音像制品的反复使用率高,远远高出图书的重复阅读率。同时,由于著作权的复合特性,同一部作品的不同演绎方式甚至是细微差别所构成的不同版本,也会引

起不同消费者的收藏兴趣。以音乐类音像制品为例,一部古典音乐作品的录音CD,无论是整部作品,还是其中的乐章小节,消费者往往会欣赏无数遍。而同一部作品,由不同指挥家、乐团、演员所演绎的不同版本,更会有不同的拥趸。这也是音像制品异于图书的特色之一。

第二节 国家对音像制品的管理规定

音像制品管理是国家出版物管理的重要组成部分,国务院颁布的《出版管理条例》《音像制品管理条例》,原新闻出版总署颁布的《音像制品出版管理规定》《音像制品复制管理办法》《音像制品制作管理规定》等行政法规是国家对音像制品实施管理的重要依据。

一、音像制品的管理原则及要求

在我国,国家新闻出版广电总局作为国家最高出版管理机构,负责全国音像出版业的监督管理,对音像制品的出版、制作、复制、引进(含进口)、销售及出租等作出了具体规定,并通过县级以上地方人民政府出版行政管理部门行使各属地的监督管理职能。

(一)音像出版单位的出版及制作规定

我国对音像制品出版单位的设立实行审批制。凡申请成立音像出版机构的单位,需经所在地省、自治区、直辖市人民政府出版行政主管部门审核同意后,报国务院出版行政主管部门审核批复。任何机构和个人未获得许可,均不得从事音像制品的出版。

获得批准成立、拥有《音像制品出版许可证》的音像出版单位,依照《出版管理条例》规定,按照一般出版业的出版流程进行管理,如选题申报制度、三审制度等必须严格执行;内容涉及国家安全、社会安定等方面,对国家的政治、经济、文化、军事等会产生较大影响的选题,在出版前须报重大选题备案。

音像出版单位自身可以制作音像制品,也可委托其他单位制作,但被委托的单位也必须持有《音像制品制作许可证》。此外,音像出版单位依据国家有关审核规定,需办理申请审核手续后,方可同香港特别行政区、澳门特别行政区、台湾地区以及国外的机构、个人合作制作音像制品。

(二)其他出版单位出版音像制品的规定

非专业音像出版单位,如图书出版社、报社、期刊社、电子出版物出版,出版配合本版出版物的音像制品,须向所在地省、自治区、直辖市人民政府出版行政主管部门提交申请书和样本,申请书中必须对本版出版物名称、相关著作权人、内容提要、出版时间、音像制品制作机构、制品播放时间、载体形式、配发数量等作出说明;同时,需附上制作的音像制品样片,以备审核。相关申请文件及申请流程可在上述部门的官方网站上下载、浏览。

申请获得批准后,由所在地省级新闻出版局配发复制委托书;出版单位凭批文向国家新闻出版广电总局申领音像出版物专用书号。根据规定,该音像制品不能另起名称,必须使用本版出版物名;不得单独定价,不得单独发行、销售。

此外,非音像出版单位也可以与专业音像出版单位合作出版音像制品,但也仅适用于配合本版出版物配的音像制品,其名称、定价、发行和销售均参照上述规定执行。

(三)非音像出版单位的音像制作管理

国家对音像制品制作实行申请许可制度。非音像出版单位设立独立从事音像制品的制作业务的单位(以下简称音像制作单位),应向所在地省级新闻出版局提出申请,申请书应当载明下列内容:音像制作单位的名称、地址;音像制作单位的法定代表人或者主要负责人的姓名、住址、资格证明文件;音像制作单位的资金来源和数额。经批准同意后,申请人将获得《音像制品制作许可证》,凭此证可前往当地工商管理部门办理手续,领取营业执照。

音像制作单位只能接受国家许可的出版机构委托制作音像制品。在接受委托时,制作单位必须严格依照国家规定,查验委托人的"两证":委托人的《音像制品出版许可证》(或本版出版物证明文件),以及由委托的出版单位盖章的《音像制品制作委托书》。所有音像制品制作,制作单位必须与出版委托方签订制作委托合同以备查。

(四)音像制品复制管理

申请设立音像复制单位,由所在地省、自治区、直辖市人民政府出版行政主管部门审核同意后,报国务院出版行政主管部门审批。批准的,发给《复制经营许可证》,由申请人持《复制经营许可证》到工商行政管理部门登记,依法领取营业执照。

设立音像复制单位应当具备下列条件:有音像复制单位的名称、章程;有明确的业务范围;有适应业务范围需要的组织机构和人员;有适应业务范围需要的资金、设备和复制场所;法律、行政法规规定的其他条件。除上述条件外,还应当符合音像复制单位总量、布局和结构的规划。

音像复制单位接受委托复制音像制品的,应当按照国家有关规定,与委托的出版单位订立复制委托合同;验证委托的出版单位的《音像制品出版许可证》、营业执照副本、盖章的音像制品复制委托书及出版单位取得的授权书;接受委托复制的音像制品属于非卖品的,应当验证委托单位的身份证明和委托单位出具的音像制品非卖品复制委托书。

二、中国标准录音制品编码及音像制品专用书号

自 1993 年起,我国出版的音像制品均采用中国标准音像制品编码(习称"版号")作为出版物的标准化识别代码,对规范音像出版活动起到了较大作用。但随着音像载体的不断变化,特别是数字压缩技术和网络的发展,为与国际接轨,2010年 2 月我国修订实施了新版《中国标准录音制品编码》国家标准。这次修订中,采用了国际标准录音制品编码,其英文全称为 International Standard Recording Code,缩写为 ISRC。2012 年 1 月,原新闻出版总署发布《〈中国标准录音制品编码〉国家标准实施办法》和《音像电子出版物专用书号管理办法》,对音像制品的编码及专用书号使用又作出了具体的规定。

(一)中国标准录音制品编码(ISRC)的规定

1. 使用范围

按照国家最新规定,中国标准录音制品编码(ISRC)适用制品的范围包括录音制品和音乐录像制品。制品,是指录制完成的录音或音乐录像节目,与该节目的载体无关。录音制品,是指已录制加工完成的声音成品,或每一可独立使用的曲目篇节;音乐录像制品,是指由音频信号和视频信号录制的制品,其中构成该表演性音乐制品的全部或主要部分为音频信号,主要包括 MTV、MV、卡拉 OK、演唱会等。每一可独立使用的录音制品或音乐录像制品均须分配一个单独的中国标准录音制品编码(ISRC)。该编码只标志被编码对象,不能作为出版物标志。

新版 ISRC 编码仅在录音节目和音乐录像节目(如演唱会、MV、卡拉 OK 等)上使用,变制品登记为单曲登记。电影、电视剧等录像节目不再使用 ISRC 编码,只使

用音像制品和电子出版物专用书号(ISBN)。

2.编码方式

中国标准录音制品编码由起首标志符"ISRC"及4段共12个字符(拉丁字线或阿拉伯数字)组成。"ISRC"后留半个汉字空,紧接着的4段字符由连词符"-"相隔,分别代表国家码、登记者码、登记年、制品码。具体结构方式为:ISRC 国家码-登记者码-登记年-制品码。例如:ISRC-CN-A05-87-31707。

(1)国家码

国家码由两个字母组成,表示登记的机构(或组织)所在的国家。中国的国家码是"CN"。

(2)登记者码

登记者码由大写英文字母(A—Z,不包含 O 和 I)和阿拉伯数字(0—9)组合的3个字符构成,表示申请编码的机构或组织。该码由中国标准录音制品编码中心分配,每个机构或组织只能获得全国独一无二的登记者码。登记者码与国家码组合,就成为世界范围内唯一的编码。登记者码不能转让或重新分配使用。

(3)登记年

登记年表示该制品获取中国标准录音制品编码时的年份,由2位数字组成,即该年份的最后两位数字。登记年由该制品的登记者分配。

(4)制品码

制品码表示某年度内某登记者所登记的录音制品顺序号,由5位数字组成,通常从00001开始编码并依次顺延。只要不会重复,也可采用其他编码方式。每个制品或制品中的独立曲目或篇节均要由登记者设定制品码。同一年内登记的制品码不可重复。

3.使用规定

用于出版(包括利用信息网络出版)的录音制品和音乐录像制品,均应按照新版 ISRC 标准的规范要求携载 ISRC 编码,并在其所有复制品中明确标志该编码。

以实物为载体的,应当标志在所有复制品载体或附带资料上,包括节目介绍、歌词插页、电子文档、制品文件属性等;音乐录像制品,还应当在复制品内容中的片头位置对应加载可播放显示的 ISRC 编码;配合书、刊等本版出版物出版的,应在本版出版物或其附带资料中明确标志相关 ISRC 编码信息;以数字形式制作的录音和音乐录像制品,ISRC 编码应当对应于录音制品或音乐录像制品永久性地加载到所有复制品中,通过计算机设备可以识别和读取。

录音制品的载体、包装形式或价格发生变更时,其编码不变。但制品中内容有所变更时,其编码需要重新申请。

在《中国标准录音制品编码》(GB/T 13396—2009)正式实施后新录制的制品,其中的每一个曲目篇目都应有唯一编码。其中,个别制品已经配有中国标准录音制品编码的,保留不变。如果将制品中的某些部分抽出单独使用,也应对这些部分分配中国标准录音制品编码。需要特别注意的是,在《中国标准录音制品编码》实施前录制的制品需要重新登记和分配新的编码。

(二)音像制品专用书号(ISBN)的使用规定

根据最新规定,全国所有正式出版、发行的音像制品或音像电子出版物,均应使用中国标准书号(ISBN)作为出版物标志。用于音像制品的,为音像制品专用书号;用于音像电子出版物的,为电子出版物专用书号。在音像制品、电子出版物载体或包装的显著位置须标志 ISBN。中国标准音像制品编码或中国录音制品编码(ISRC)不再承担音像制品版号的功能。

对涉及录音节目和音乐录像节目的音像制品或电子出版物,须先向中国 ISRC 中心申请分配新版 ISRC 编码后,再申请配发 ISBN。申领 ISRC 是申领 ISBN 的前置条件。

对于涉及录音制品或音乐录像制品再版或重印的音像制品或电子出版物,内容、载体形式和包装均未作改变的,可使用原 ISBN,不需要重新申请。但出版单位出版不同版本的音像制品或电子出版物,须使用不同的 ISBN。具体规定如下:载体形式不同或采用不同格式出版的音像制品或电子出版物,应使用不同的 ISBN;套装中每一节目单独销售,则每一节目均需要分配一个 ISBN;同一版本出版物有不同产品形式并单独销售,每一出版物均应分配一个 ISBN。

第三节 音像制品的编辑制作与出版

音像制品的编辑工作,分为信息采集、选题策划、节目内容评改审核的前期编辑工作,以及录制过程中的后期编辑制作工作。在音像制品的生产复制过程中,母带(母盘)制作质量相当重要,大批量复制依赖于复制设备和工艺流程的精准程度。另外,音像制品的包装必须符合国家相关标准。

与图书、期刊等纸介质出版物的编辑工作相同,音像制品的编辑工作必须在选题策划、内容审读、加工整理等各个工作环节上严格把关,在确保导向正确的同时,注意选题内容题材与体裁、表现形式、创作者等之间的适配性。但基于音像制品的内容、录制设备、演员、载体等因素的特殊性,音像编辑工作不仅需要对内容有评判、把握能力,更需要有创意、组织、规划、协调的整合能力以及创新能力,尤其体现在组织稿件、节目内容的评改审核上。

一、选题与组稿

音像制品选题策划的基础和步骤,同图书、期刊的选题策划原则是一致的,必须经过信息采集、市场调研等分析、研究、决策的过程。但在选题设计中,更需仔细考虑音像制品的内容特点与形式要求,精心组织内容节目,综合各种要素进行策划。选题策划开发,需要出版单位以客观、实际的态度认真评价分析市场,评价自身实力,既要把握市场热点,又切忌盲目跟风。

(一)选题类型

音像出版单位均有明确的出版方向与业务范围,从选题来源分析,可大致概括为四类:一是音像出版单位的编辑人员自行开发策划的原创选题,从节目内容确立、组织、编排到制品的编辑制作,至产品的市场营销、推广、发行,均由该单位完成;二是节目内容已经通过舞台演出、电视或广播等方式公开发表,但经过音像出版单位的编辑、制作、发行,仍可以获得市场认可的再度开发选题,这类选题比率较高;三是合作选题,随着文化事业改革的深入,不少演艺公司、文化公司积极投入音像节目著作权经营或音像节目制作,出版单位与之合作开发选题,推广市场,已日益形成规模;四是引进选题,即海外音像著作权引进作品。

从内容上分析,可发现音像制品选题范围非常广泛,但类型的集中程度较高,如教学类选题、艺术类选题、文化生活类选题、儿童类选题、人文社科类、科技科普类选题等。其中,教学类选题和艺术类选题市场份额较大,如外语教学类音像制品,从幼儿到成人甚至老人,都有相关长销选题产品,堪称音像制品中的常青树。艺术类选题,尤以音乐类录音制品为主,在大众市场(流行音乐)和小众专业市场(古典音乐)的表现都较为出色。从市场上分析,儿童类选题数量一直较为稳定,动漫、儿童影视剧、儿童教育类等选题尤其受到欢迎。

(二)选题策划

音像制品的选题策划必须紧紧围绕音像产品市场需求及产品特点展开,其根本原则是"双效益"要求,即坚持社会效益第一,坚持社会效益与经济效益的高度结合。在策划选题时,要仔细分析研究市场信息,掌握客观可靠的市场数据,根据自身的出版范围特色、编辑能力、经济实力、市场营销能力等,遴选最适宜内容,挑出最适宜的作者,用最适宜的方式加以表现。

根据这些原则要求,结合具体的项目进行判断,并以书面方式表达,便形成了音像制品的选题报告。选题报告的内容与图书的选题报告基本一致,一般出版单位都备有选题申报书的格式样本。

选题一般分为年度计划选题和即时性补报选题两种。前者依照出版管理部门要求,通常在年底由出版单位统一汇总申报;后者紧扣市场要求,即时提出选题申请。出版单位内部审核同意后向管理部门补充申报,一般每月补报一次。

需要强调的是,在选题的内容把握上必须严格执行出版管理规定,如涉及重大选题必须申请备案。

(三)组稿要求

音像出版单位的组稿工作相比图书的组稿工作,特色较为明显。这主要集中在两个方面:

一是对编辑人员的要求。音像制品组稿的预备工作复杂,应事前认真做好书面组稿计划,计划中不仅要涉及作品节目内容要素,而且要对节目的表达形态、作者、表演者等人的具体工作提出明确要求。如原创类音乐录音制品,需要对作曲者、歌词作者、文字说明作者等提出写作要求,对选取导演、指挥、乐团、演员也要提供相应的选择、组合建议。所以,音像制品编辑人员在组稿过程中,不仅要组织"文本稿件",更要协调好"队伍",这就要求编辑人员具备较高的综合素养。

二是对作者或作者团队的要求。无论原创类节目,还是再度开发节目,都是在内容稿本文字设计完成的基础上,为适应音像作品要求而再度创作的过程。通常,音像制品不可能由一位作者单独完成内容设计,往往是集体创作,如一部录像类纪录片,不仅需要内容剧本的编写者,还需要导演、摄像师、录音师等人的剧本修改、分镜头设计、录音技术处理以及出版单位编辑的审稿、加工等才能完成拍摄、剪辑、合成。期间,作者要对音像制品各种表现方式和技术手段较为熟悉,具备良好的文学素养、文字表达能力,也需要有较好的团队沟通能力。

二、前期编辑工作中的审查评改

在前期编辑工作中,对音像制品的内容把握,主要通过审查评改完成。这个过程必须严格依照三审制度执行,审查的具体方法、程序因音像制品的类型不同而稍有不同。

（一）审查评改的原则

审查评改时，首先必须坚持内容导向的正确，节目的政治性、思想性要求必须贯穿在音像制品编辑制作的整个过程中。其次，要重视内容稿本文字的审读，稿本是音像制品制作的基础，无论是剧本还是说明文本，对节目的拍摄、录制等制作都起着至关重要的指示意义，必须仔细审核评改，保证稿本达到完善而具备可操作性的要求。第三，要认真做好文字语言及内容加工，对样片中语言、文字以及内容要认真审核，必要时邀请专家进行把关。

（二）审查评改方法

针对音像制品节目的内容、形式特点，审查评改采用书面审读与作品听、看审查结合方式。一方面，要仔细审读内容稿本文字，如剧本、讲稿、作品说明文字等；另一方面，对录音或录像节目的样片进行反复视听审查，并给出审查评改的书面意见。

（三）审查程序

音像节目的审查，分为文字稿本审查、样片审查、成品审查三种类型。除成品检查属于产品质量检查，由出版单位质检人员负责外，文字审查及样片审查，必须由具备相关资质的编辑、编辑部主任以及总编辑担任，严格按照三审制要求实施。

文字稿本的审查，既要注重稿本内容的政治性、思想性，又要注意稿本与制作过程的匹配性，如影视类音像作品的分镜头剧本处理，字幕内容、剧本提示文字等。三审完成后，文字稿本作者依照终审要求，进行修改，修改完成后再经过三审复核，总编确认后由责任编辑负责安排具体录制等工作。

样片审查工作也依照三审制度的程序进行。音像作品在录制、剪辑、合成等制作工作完成后，形成样片——录音、录像带，或是 VCD、DVD 等激光视盘。样片经过审查、修改并经过书面程序确认后，成为母带（母盘），它是音像制品大量复制生产的唯一依据。样片三审后所形成的修改意见，交制作单位修改，完成修改后的样片即成为复制依据的母带（母盘）。

需指出的是，各级审查的三审文字稿本、修改本、样片及母带（母盘）等，每一审级的审查书面意见，作者合同、演出拍摄等人员的劳务合同，以及《音像制品复制委托书》（音像出版单位若自主完成制作则不需要此件）等，出版单位都必须留档备查。

三、录音与录像制品的编辑制作

在音像制品的制作过程中,必须确保制作质量、制作成员的优化、制品的信息内容优化、制品的载体选择优化。

音像出版单位在确认制作单位并批准了制作预算后,责任编辑应尽快与制作单位拟订合同,并分别同相关人员拟订劳务合同,交音像出版单位批准。此外责任编辑应根据三审通过的文字稿本,会同作者、音像制品制作机构工作人员,以及导演、拍摄、录制等摄制组(如需要成立的话)进行研究,设计分镜头剧本或拍摄、录音方案,并且根据作品的内容特点、制品的播放长度、市场因素等,与制作方商议制品的载体及制作处理细节,并报出版单位确认。责任编辑还应对整个拍摄、录制制作过程进行监督。

音像制品的具体编辑制作分为录音节目制作和录像节目制作。

(一)录音节目制作

录音节目制作分现场实况录音和录音棚录音两种。前者一般适用于录制现场演出的节目,后者则用于制作录音制品用的节目。编辑制作录音节目的工作人员包括编辑、录音师、缩混工程师等。录音时,目前已广泛使用数字音频工作站,录音人员利用计算机技术处理数字音频信息,可迅速在声道、音轨、错音修改、切入点等方面做出处理,提高的录音质量和速度。

录音节目的制作过程一般分为三个步骤:

1. 准备工作及试录

编辑将稿本、乐谱等提供给歌手试唱;选定专人为歌曲伴奏写配器总谱;根据配器总谱抄写分谱,并将总谱、分谱分发给指挥、监听、器乐演奏者,进行试录或练习。

2. 正式录音

正式录音时一般采取多轨录音方式,分三个步骤完成:先录制节拍并嵌入音乐小节编号;之后分多轨录制不同乐器,完成伴奏素材录制;最后录歌手的演唱。这种方式的好处在于,便于修改各乐器演奏以及演唱,保证了录音质量。

3. 混录合成

在后期制作阶段,录音师和监听需分轨对上述录音素材进行修饰与合成,录在一定的存储载体上,就完成了单曲的制作。多首单曲编排起来,就形成了母带(母盘)。

（二）录像节目制作

录像节目制作相对复杂。首先,体现在专业人员众多,涉及文字稿本作者、导演、摄像师、演员、灯光师、化妆师、场记、剧务以及责任编辑等;其次,摄制设备以及摄像棚、布景安装、布置等工作较为烦琐;最后,在拍摄过程中,无论是同步录音还是拍摄后再配音,都需要按照录音节目制作要求完成。

录像节目制作也可分为三个步骤:

1. 前期准备

按照节目制作要求组建摄制组,明确工作人员分工。同时,由导演选景、选演员、准备道具服装和特技拍摄需要的设备等。

2. 拍摄录像

摄影师在导演指挥下,领会导演的要求,运用多种技巧和手法拍摄场景和演员的表演。为达到理想效果,常常需要反复重拍。

3. 编辑合成

在后期编辑合成阶段,导演、剪辑师、责任编辑等先审查画面质量、录像资料,再负责处理镜头画面的衔接等内容,运用多种技巧将各种要素串联在录像制品中。

四、音像制品的复制

在确认母带(母盘)后,音像制品可进入大规模的复制生产阶段。音像复制生产单位根据数量、质量和载体等要求,运用高速复录制设备,将母带(母盘)的内容复制到一定数量的子带(子盘)上,经加工、包装工序,成为音像制品的成品,如盒式录音磁带、录像磁带,以及各种类型的激光视盘等。

（一）磁带的复制

录音、录像带的复制,指利用快速复录设备将母版(母盘)磁带上的信息复制到子带上,并将子带加工成盒式磁带。其复制工序一般为:

1. 制作母带

根据出版单位提供的母带,制作复制专用的工作母带。

2. 子带复录

子带复录采用四路高速复录的方式,以32:1、64:1、96:1的速度,通过与复录母机相连的若干复录子机,将母带上的信号复录到圈绕成饼状的子带上。

3. 切割装盒

利用机器将已经完成录音或录像的饼状子带进行切割,并装入磁带盒。

4. 外部包装

将磁带盒进行包装,在其正反两面贴上印有音像节目内容的盒贴后,将磁带和说明书一起放入塑料外盒,再套上外盒封,包上塑料膜。这个包装过程已基本实现自动化。

(二)光盘的复制

光盘复制时既要保证物质载体(盘片)和数据的同时形成,还需要在一条生产线上完成,因此其工序相当复杂,一般可分六个步骤完成:

1. 检测母盘质量

复制单位在获取母盘时,要检测母盘的物理性能是否符合复制要求,确认其无损伤、无划痕。若有问题,则需出版单位立即更换。

2. 制作玻璃原版盘

这个过程要将母盘的数据信息复制到玻璃盘基上。基本操作顺序为:将光刻胶均匀涂于玻璃盘的其中一面,并利用激光束扫描曝光;对玻璃盘进行显影、定影等化学处理,使曝光处的光刻胶被腐蚀,记录数据信息的凹槽出现,整体上形成螺旋形轨道,成为玻璃原版盘。

3. 制作金属压模盘

该工序也被称为"电铸"。先在玻璃原版盘上镀上导电膜,再以电镀技术镀上金属镍,剥离金属镍后,即形成金属压膜盘,也称为金属母盘。它的表面与玻璃原版盘螺旋形轨道完全相反。一个金属压模盘可复制约 3 万张 CD-ROM。

4. 模压加工

将颗粒状态的聚碳酸酯用热注塑膜压技术制成盘基的同时,将金属压模盘上凹凸不平的数据信息压制到了盘基上,然后在带有数据信息的盘基表面,用真空镀膜技术覆上铝反射膜,并涂抹上保护层。

5. 图文印刷

复制好光盘后,在其不载有数据信息的一面印上出版物名称、出版单位名称等必要文字信息,有些产品还需印上彩色图案。

6. 包装检测

最后进入包装、装箱工序,并依照规定完成质量抽检。

五、音像制品的包装设计要求

音像制品的产品形态最终呈现为录音带、录像带、激光唱盘(CD)和激光视盘(VCD、DVD)。一般来说,将它们放入配套的塑料盒,再包上塑料薄膜,就完成了外包装。当然,有的还套上彩印卡纸纸盒进行装饰。

据此,音像制品的设计范围主要包括录音带、录像带和光盘外套塑料盒的面封、底封、彩印卡纸等,录音带、录像带的 A、B 面盒贴(纸),光盘表面图文,内装说明书,等等。

设计时要注意,按照国家有关规定,音像制品及其包装的明显位置上必须标明出版单位的名称、地址和音像制品专用书号、出版时间、责任编辑、著作权人和条形码,出版进口的音像制品,还应当标明进口批准文号,缺一不可。

小　结

通过本章的学习,我们应了解音像制品迥异于纸介质出版物的特点以及国家对音像制品的相关管理规定。虽然当下传统音像制品逐渐进入式微阶段,音像出版的数字化已是大势所趋,但不管未来的载体、传播、销售途径会如何变化,音像出版的选题策划、编辑制作、宣传营销等本质性内容仍将存在。

思考与练习

1. 什么是音像出版?音像出版物分为几类?其特性是什么?

2. 国家对音像出版物的管理原则及要求是什么?对进口音像制品的管理有哪些规定?

3. 中国标准录音制品编码(ISRC)由哪几个部分组成?各表示什么意义?

4. 音像出版物选题类型集中在哪些方面?选题策划时需注意哪些要素?

5. 录音与录像出版物的编辑制作工作主要分为哪些步骤?

第十二章

数字时代的出版

学习目标

通过本章的学习，使学生对数字时代的出版有较全面的认识，在掌握数字出版、数字出版物、电子出版物、互联网出版物等概念的基础上，深入理解数字出版物、电子出版物、互联网出版物之间的密切关系，并对当下数字出版的现状和未来发展趋势产生兴趣。

知识要点

了解数字出版的概念、发展简史及技术条件，掌握并熟悉目前数字出版物的主要形式；掌握电子出版物的特点、载体及分类，了解电子出版物编辑制作的技术要求及电子出版物的出版规定；了解互联网出版的基本条件、我国对互联网出版的管理要求及著作权保护要求，掌握互联网出版的主要特点，熟悉互联网出版物的主要类别。

第一节　数字出版与数字出版物

　　数字出版是相对于传统纸质出版业的新形态,它体现在当代信息技术和网络技术对出版业内容建构、编辑方式、生产流程、传播流通、载体方式以及阅读消费模式的决定性作用上。无疑,它既符合出版的社会化定义——通过有效的组织行为而达到社会文化生产内容的加工、复制与传播的目的;同时又显示了出版业将如何通过新技术完成生产过程,重新定义、组织结构、出版内容,从而整合并塑造出多元、高效、开放的出版模式。

一、数字出版及数字出版物的概念

　　原新闻出版总署在《关于加快我国数字出版产业发展的若干意见》中对数字出版的定义是:"利用数字技术进行内容编辑加工,并通过网络传播数字内容产品的一种新型出版方式。"在这个过程中,出版的内容信息以计算机二进制代码的形式存储于计算机硬盘、光盘、磁盘等物理性介质中,编辑的信息加工处理、产品的生产方式以及读者的消费和内容阅读,都借助计算机、网络或与之相关的终端设备进行。

　　在此定义下,以光盘等为载体的电子阅读产品、互联网阅读产品、借助互联网或现代通信技术的移动数字阅读产品、数字按需印刷产品等,自然都被纳入数字出版物的范畴。

　　鉴于我国目前的出版管理制度,由于出版物载体和传播、发行方式的不同,国家将电子出版与数字出版作为两个不同的出版门类进行管理。尽管二者在内容制作、产品生产、流通上各有特点,但它们基于计算机数字技术的生产、编辑方式具有一致性,产品内容数字化形态也是趋同的,因此本章将两种出版物合并介绍,并根据我国出版门类管理内容与要求,分别加以介绍。

二、数字出版发展简史

　　从世界范围看,自20世纪90年代开始,计算机数字技术逐渐开始对出版生产和编辑技术产生实质影响,图书的排版、印刷制作和出版内容的索引、数据库、编辑图文处理系统以及载体形态多样、格式多样的电子图书等新型数字出版技术和产品开始出现,随着互联网、通信、流媒体等高新技术飞跃发展,以及包括显示器、移动通信设备及手持阅读设备技术的日益提高和相关产品在市场上的普及,数字化写作、编辑、制作以及阅读已经成为日常文化生活中的常态。

自从电子计算机诞生以来,利用数字技术存储诸如文字、图像、声音、影像的实验从未终止。20 世纪 50 年代起,计算机数字化图文技术在军事上已经得到运用,随着计算机网络的发明和应用,大量信息数据通过数字技术存储在物理设备上,由网络连接各计算机终端进行编辑、读取、分析、使用。在美国,法律文献和条律等文本计算机索引系统于 20 世纪 60 年代就已经使用(Lexis Nexis 数据公司),医学信息文献计算机索引系统也于 20 世纪 70 年代初使用(Medline 服务系统)。这些为专业研究提供信息内容资源的服务,具备了数字出版的某些雏形。当然由于互联网技术及图文、声像的数字处理系统的缺失,其使用范围和传播的广泛性、公共性特色尚未呈现。

随着技术的进步和网络的使用,数字化技术对出版业信息处理、存储、编辑乃至印制不断产生影响。为提高专业类出版物的编辑效率,同现代数据库出版平台相似的电子印本库(E-Print Archive)技术在 1991 年得到了开发。由此,无论是网络提交编辑、发表、归入数字索引档案,还是网络浏览或输出印刷,都得以在相似的数字技术平台上实现。技术的进步无疑启发并促成了传统出版机构在内容编辑、制作上的转型,即借助数据内容信息,完成纸张出版与数据库索引及内容数字传输,或光盘等载体的数字出版。其中,科学技术医学类出版(STM)的专业期刊的数字化探索最早,如美国著名的斯普灵格出版公司与贝尔实验室、旧金山大学曾合作将印刷、数字期刊以及数字索引整合的 Red Sage 项目。

自 20 世纪 90 年代中后期至今,随着专业类期刊和专业数据库的编辑、制作以及销售模式的日益稳固,以及互联网技术在全世界的广泛应用,数字出版由探索实验阶段进入产品研发阶段。期间,数字教材、数字辅助课件以及数字工具图书发展迅猛,各种不同阅读格式的网络在线图书层出不穷,其发行逐渐由依托物理性介质为载体,转向互联网数据传输。同时,通信技术的不断进步,使高速度、大流量的无线数据传输成为可能,不仅手机、手持阅读器阅读发展势头迅猛,在此基础上的跨媒体数字出版——图书、新闻、期刊、游戏、音乐、影视等互动交叉、互为影响所构成的新型出版形态,日益成为数字出版的重要内容。

从数字出版的发展历程,我们可以总结出它的两大产品形态:数字资源库的整合出版物及跨媒体的综合数字出版物。前者是基于传统出版的内容和编辑方式,利用数字技术加以改造,一般在个人计算机或其他终端设备上读取,产品形式包括以光盘等为载体或网上传输的各类格式的电子书(E-book)、电子期刊、专业数据库等。后者通过数字化技术处理与现代化硬件设备的整合,多凭借网络或无线网络发行传播,具有格式、形态多元化,以及跨媒体阅读、互动交流性强等泛阅读特性,除了个人计算机外,智能手机、多媒体平板电脑等往往是这类产品最为适宜的阅读终端平台;产品除了电子书刊外,还包括应用软件、个性化新闻、游戏、学习课件、互动式学习平台以及影视音乐产品等,可以说涵盖了图书、期刊、音像、电子出版等传统的出版物类型。需强调的是,上述这两类产品的市场销售模式已成型并日趋稳定。

我国的数字出版起步较晚,20世纪90年代中期才开始发展"电子出版",但数字出版产业的后发效应十分明显。运用于出版业的数字技术不断进步,在互联网出版、跨媒体出版以及相关数字产品的软、硬件技术、设备的研发上,都居于世界领先水平。

三、开展数字出版的技术条件

数字出版是建立在计算机技术、网络技术、通信技术、流媒体技术、存储技术、显示技术等高新技术基础之上的文化生产活动。就其内容生产而言,计算机信息处理技术和互联网应用技术最为关键。

(一)计算机信息处理技术

一般情况下,数字出版内容信息处理主要有两个方面的工作,一是在内容设计、索引规则以及相关编程技术支持下,对已有出版内容(如各类成型的书稿,已发表或未发表的文章、图片,影视、声像作品,视频、音频资料等)及资源确立分拣存储标准、加工存储、分拣归类、建立数据库;二是对互联网上海量驳杂的资源信息进行检索、标签、分类存储。由此,搜索引擎技术和元数据标准成为数字出版信息技术的重要指标。

所谓搜索引擎,是指根据一定的策略、运用特定的计算机程序从互联网上搜集信息,在对信息进行组织和处理后,为用户提供检索服务,将用户检索相关的信息展示给用户的系统。搜索引擎的工作原理与传统信息检索并无二致,基本流程依然为:信息收集—分类—索引化—关键词检索。通过搜索引擎可以对网络和资料库进行全信息查询,但精准度不高,缺乏有效性。因此,元数据的规范和使用便十分重要。

所谓元数据,就是"数据的数据",是一种在标记语言如HTML、XML等基础上确立的网络信息数据处理方案。简单说来,就是这种标记语言可解析计算机数据文件的内容结构,如作者名、题目、摘要、正文起止、正文形式等。XML便是一种较为通行的元数据标准,能在任何应用程序中读写数据,可与Windows、Mac OS、Linux及其他平台下结构的信息加以组合,这些程序可轻而易举地加载XML数据并分析,以XML格式输出结果。此外,RDF(资源描述框架)也是一种支持各种元数据兼容交换的模式。

(二)互联网应用技术

1968年诞生自美国的计算机联机网络(ARPA),使同网络中的计算机之间可依照一定的规则,互通信息,它开创了人类信息交流的新纪元,并逐渐形成了全世界最大的计算机互联网络"因特网"。通常意义上,互联网即指因特网。

从技术上分析互联网,可以发现它有两个鲜明的特征:一是网络中的所有主机以共同的"协议"(IP)互相连接,并且每一台主机都必须有"地址"——按照TCP/IP协议规定,IP地址以二进制表示,每一地址长32比特;二是互联网实行全球共享,任意连接,具有去中心性和开放性的特征。

由于互联网技术、无线电通信技术、云计算技术等的不断更新,数字出版的内容建构与传播形态日益多样化。以数字(电子)图书为例,产品可以借助网络进行产品资讯传播、产品购买、下载、阅读,也可以进入专门的平台配合电子阅读器购买下载,还可以通过手机、IPAD等移动通信、计算机工具购买下载。未来数字图书的内容形态以及阅读形式、功能将越来越多样化。

四、数字出版物的主要形式

目前,数字出版物主要呈现为"网络文学读物""网络游戏""网络百科""数字音像""数据库出版物""手机报""电子书""数字期刊"等形式,这些称谓较为直观地描述了其各自的内容形态或传播特征。大体来看,以下几种形式比较常见。

(一)数字图书

数字图书又称电子书。目前,大部分数字图书都是通对纸质图书的"拟态",即通过纸质图书的数字化处理,通过一定的数据格式和阅读应用软件,在个人计算机或电子阅读器、手持通信设备、平板电脑等硬件设备上"仿真"阅读,具备能在不同阅读设备中呈现多元阅读方式,并且内容上已多媒体化,其编辑方法和技术远较纸质图书及其数字版丰富。如著名的数字版《大英百科全书》,不仅正文版式可以随电脑、阅读器、手机等不同载体而变化,且包含了大量的图片、音频、视频文件以及大量参考补充阅读的超文本链接。目前,手机阅读的数字图书通常有TXT、JAR、

UMD 等格式,在网络上阅读数字图书,主要采用 TXT、HTML 格式,以及一些专业阅读软件格式,如 PDF、CEB、PDG、EPUB 等。

近年来,作为数字阅读终端之一的手持电子阅读器和平板电脑日益获得消费者青睐。这些设备根据其显示屏的类型可分为两种,一种是以电子纸张,即"电子墨水"(E-ink)技术为支持,显示效果类似纸张,能耗低,适宜阅读文字图书,但目前大多数产品只能显示黑白效果,如亚马逊公司的 Kindle 阅读器,我国的汉王阅读器;另一种采用液晶型显示屏,直角显示,色彩艳丽鲜明,除了阅读文字图书外,更适宜阅读彩色图文书、画册、刊物等,其代表产品有苹果公司生产的 iPad。

(二)数字连续出版物

数字报、数字刊等产品,一般均为纸质报刊的数字版,内容形态如版式、栏目等,会因不同传播载体而有所调整,如网络版形式的数字报,形式上较接近于新闻或其他专业网站页面,有时会包含游戏、公共留言板、文章评论等数字互动栏目,以及视频音频等资讯。目前,世界上有不少报刊只出版网络数字报,如美国的政治评论报《基督教箴言报》自 2009 年 4 月起便不再出版纸质报。

数字报刊大多通过互联网订阅、下载或在线浏览,通过无线通信网络浏览的报刊,则被称为手机报、手机刊。由于受普通手机的流量、存储量限制,手机报刊的内容、版式相对简约,图片精度和格式也常作调整。

(三)数据库出版物

数据库依照一定的内容检索方式和数据结构存储,它是较早出现的数字出版物。专业领域的数据库出版物最受欢迎,如医学、科技、古籍整理等。这类出版物提供相关资讯的检索查询,而非完整浏览;通过网络实现订阅与传输,一般在个人计算机、移动通信设备上阅读。

(四)网络游戏出版物

网络游戏(简称"网游")出版物是指以个人计算机、手机等作为传输媒介和游戏工具,通过互联网或移动通信网购买、下载安装或在线交互传输的游戏。一般分为两类:一是客户端形式的网游,即出版商通过服务器在线提供游戏服务,游戏的情节性和情境感强烈,高仿真,游戏过程漫长而复杂,客户一般需要选定固定"角色"进入,可在线存储游戏进程等资料,以便下次上线后继续游戏;另一类是基于浏览器形式,通过下载相关软件执行后打开的网页游戏,一般在个人计算机和手机上使用,游戏规模大小不一。目前,网游出版物产值占数字出版产业总产值的比重最高。

（五）网络音像出版物

某种程度上,网络音像出版物可以视为对传统音像出版物的网络数字化处理和传播的结果。由于市场、传播方式以及网络的普及,国际上越来越多的著名音像公司先后宣布放弃传统音像产品,转而开发数字音像出版物。由此,其产品形式也日益多样,以音乐作品为例,既可依照音乐专辑进行数字化处理,销售传播;也可按照单曲设计产品来销售。目前,网络音乐、网络数字影视出版物已能通过各类电子商务平台,跨国、跨地区地提供给大众消费者在线付费欣赏或购买下载。

（六）自出版物

自出版物这个概念诞生于美国,主要指个人通过网络所提供的数字发布平台及相应格式(文本、图片、声频、视频等),绕过传统的出版编辑、加工过程,自主而又自助式地发表、传播的个人作品。其形式有网络日志、博客、微博以及网络文学作品,个人制作的音频、视频作品等。

当然有学者不认可此概念,认为这只是一种个人传播行为或娱乐方式,不符合"出版"的通常概念。不过,美国亚马逊网站多年前开始提供"个人自主"业务,即作家可直接上传其作品到亚马逊网销售,无须通过出版机构编辑处理。作为一种真正崭新的出版形式,它颠覆了传统的出版生产流程,其影响和未来发展值得关注。此外,类似开放式百科的数字出版物,以"维基百科"为典型代表,任何人都可以成为词条创建的撰写人、补充修正者(编辑人),也可以视为一种特殊形式的自出版物。

（七）按需印刷出版物

按需印刷(On-Demand Printing)出版物指的是出版方将已经完成编辑、制作的作品,以数字化形式存储在计算机、物理性存储介质或互联网服务器中,依照用户需要的数量,在特殊数码印刷装订设备中完成制作的纸质出版产品。这一新型的出版形式和产品,是传统出版和数字出版技术结合的产物,有以下两个特点:尽管成品为纸质出版物,但编辑制作乃至存储过程完全依赖数字技术,印制设备也不需要类似胶片的印刷介质,直接使用数字文件进行无菲林生产;按需印刷主要满足低印量出版物生产需求,最低可从一本起印。

第二节　电子出版物

　　根据原新闻出版总署 2008 年颁布的《电子出版物管理规定》,电子出版物是指"以数字代码方式,将有知识性、思想性内容的信息编辑加工后存储在固定物理形态的磁、电、光等介质上,通过电子阅读显示、播放设备读取使用的大众传播媒体,包括只读光盘、一次写入光盘、可擦写光盘、软磁盘、硬磁盘、集成电路卡等,以及新闻出版广电总局认定的其他媒体形态"。这一定义表明了电子出版是将出版内容进行数字化存储,出版产品的形式,即数字化内容的载体则为有形的物理介质。电子出版过程尽管有着鲜明的数字技术特征,但其出版内容的编辑生产,也必须经过内容策划、编辑制作、审稿等过程,缺一不可。

　　从世界数字出版业发展历程看,最早进入市场销售的较为成熟的电子出版物是工具性图书,例如著名的《大英百科全书》,就是光盘形式的电子出版物。随着互联网以及网络电子商务的逐渐成熟,物理介质的电子出版物通过互联网销售与传送已成为一种趋势。而且,越来越多的电子出版物通过互联网进行超链接设置,拓展了电子出版物的内容范围,增进了索引、查询、互动等功能。就此而言,纯物理介质的"电子出版物"与互联网数字出版产品的关联性日趋明显,甚至部分产品已完全"转型"为互联网数字出版物。

一、电子出版物的特点

　　电子出版是一个将出版内容进行数字化整合,并选择适宜的物理性承载介质进行批量复制的过程,这决定了电子出版物的基本特点。主要体现在产品表达方式以及功能形态上:

1. 产品内容及表现形式丰富、结构多元、储存量巨大,便于携带

　　电子出版物的内容形式非常多样,既可以是传统纸质图书的"电子化"转化,也可借助数字化技术的多元表达方式,将音频、视频融入,通过多重检索功能及内容分层结构设计等方式,呈现产品内容的多样性、丰富性。每一种电子出版物的编辑制作,本质上都是针对自身内容的特殊的软件组合,因此,电子出版物的信息存储量要求较高,以其常用的光盘载体来看,一般 CD 盘容量在 650 兆字节,DVD 盘

在7 000兆字节,后者可存储35亿多汉字。以大英百科全书为例,其纸质版西文在1亿字节左右,英语电子光盘版整个载入一张DVD光盘,整部百科电子版呈现层次分明的取读结构,不仅包括原版全文以及插图,还配置了强大的各项检索工具,并且为相当一部分词条配置了声频与视频附件,便于读者参考。

2. 在线"重版"便捷,产品具有巨大的扩容空间

初期存储于光盘等介质上的电子出版物,往往只能在电脑上读取,并无互联网链接功能。如今,绝大多数的电子出版物都具备超链接功能或主页链接功能。链接功能提升了电子出版物的内容空间,如工具类电子书,可由之进入互联网相关网站进行衍生阅读查询,扩大了内容查询的范围;同时,电子出版物更新迅捷,不少电子出版机构的官方网站均提供免费或优惠收费的内容更新,利用电子出版物(如光盘)作为版权认证依据,通过电脑网络传输,"升级服务"便可完成。例如,中大型工具类电子出版物、游戏类、软件类、教育类电子出版物等,都可借助网络发布"修订"内容,达成"重版"目的。

3. 必须借助电脑等物理性设备编辑、制作、阅读

电子出版的整个过程离不开电脑等物理性设备,文字、图片、音频、视频等内容,必须经过数字化处理和程序的模块组织与架构,载入光盘等介质,形成适宜多媒体表达的电子出版物。同样,读者也必须依托"硬件"来解读电子出版物,在电脑等设备上获得一般传统纸质图书或平面媒体所无法提供的多元知识信息与阅读体验。

4. 出版流程整体性强、效率高

与传统纸质出版不同,电子出版在编辑、制作过程中强调产品内容与产品结构的组织系统性,具有较高出版效率。无论是内容的编辑还是表现形式的设计,都需要在"碎片化"的信息群以及现有的软件程序基础上,进行形式与结构性的重组或创新设计;在编辑制作过程中,内容及其制作技术,都可借助数据库、现有程序组等进行再开发。

二、电子出版物的载体及分类

(一)电子出版物的载体

在电子出版开展的初期,电脑磁盘曾一度是电子出版物的主要载体,但磁盘保存数据的性能并不稳定。随着激光数码技术的运用,只读光盘——包括普通光盘CD与高密度光盘DVD,以及近年来密度容量极高的蓝光DVD(容量可达数十GB)成为电子出版物的最主要载体。当然,一些小型的电子出版产品有时会采取诸如集成电路卡(IC)等存储量相对较小的载体。

光盘的最大特征是储存容量大:单张 CD 光盘容量在 650 MB 以上,普通 DVD 光盘在 4.7 GB 以上。例如,文渊阁《四库全书》,有 3 600 多种古籍,数十万册书占了一个大殿,但将其制成电子出版物,超过一亿汉字,既有经过碎片化处理的可供字词句索引的数据版,又有文渊阁本原书的全部影印版,全套仅 100 多张 CD 光盘,携带、收藏都很方便。

(二)电子出版物的分类

电子出版物可从不同角度进行分类。

按其所包含的信息表现形式,电子出版物可分为图文类、文字类、图像类、声音类、动画类、图文声像并举的多媒体类等。

按其基本用途,电子出版物可分为计算机软件类、信息检索类、阅读类、教育类、游戏类、素材类等。

按其所含有的传播媒体特点,还可将其分为"连续型电子出版物"和"非连续型电子出版物",前者包括电子报纸与电子期刊,后者包含了电子图书与软件出版物。

第三节　互联网出版物

从制作技术、数字内容、传播途径以及产品形态等方面来看,广义的数字出版概念与互联网出版概念已日益趋同,因此可以说互联网出版代表了数字出版发展的最重要方向。随着互联网技术的发展,未来的数字出版及其产品的形态和内容将日益多元化、多媒体化,产品的销售、传播、阅读等也将更为高效、便捷。

一、互联网出版概述

互联网出版一般指具有出版资质的互联网信息服务提供者将自己创作或他人创作的作品经过编辑制作,以数字化形式保存、登载在互联网上或者通过互联网发送到用户端,供公众浏览、阅读、使用或下载的在线传播行为,习惯上又称为"网络出版"。由此,互联网出版物就是指经过互联网出版单位选择和编辑加工,登载在互联网上或者通过互联网发送到用户端,供公众浏览、阅读、使用或者下载的作品。

从作品的内容来源看,互联网出版物分为两类,一类是原图书、报刊、音像制品、电子出版物等转换成的作品,另一类是互联网信息服务提供者自行组织、编辑的数字化作品,如原创网络文学、网络游戏、网络数字音像、网络电子书包等。

(一)互联网出版的基本条件

互联网出版首先必须拥有合法的网络传播平台和相应的编辑技术人员。在我国,为保障互联网出版工作的有序进行,出版者或信息服务经营者需先获取信息网络传播权,在著作权法框架内收集、获取、积累信息,并在互联网上实现出版传播行为。

1. 信息网络传播资质

根据《信息网络传播权保护条例》,信息网络传播权是指以有线或者无线方式向公众提供作品、表演或者录音录像制品,使公众可以在其个人选定的时间和地点获得作品、表演或者录音录像制品的权利。该权利是我国互联网出版者开展工作的必要前提。出版者根据国务院颁发的《互联网信息服务管理办法》等文件的规定,依照程序,向有关部门提出申请,在获得批复并办理相关手续后,始获该权利,取得出版资质。

2. 著作权法意义上的信息网络传播权

互联网出版需要积累大量内容资源与作者资源才能进行数字化处理和策划、编辑、制作及传播作品。依据著作权法,以数字出版形式制作并传播作品,必须取得著作权人授权。由此,出版者在进行互联网出版时,必须事前明确获取作品著作权人授予的信息网络传播权和相应的电子版的复制权。

3. 互联网出版平台

互联网出版必须依托网站进行开发、维护和传播工作,它是互联网出版的硬件、技术和服务的基础平台,是互联网出版得以开展的重要条件。规划网站时,互联网出版者应根据业务内容需要、客户流量预估等要素来设计网站结构、功能以及界面,根据不同的出版需要,开发或购买不同软件系统,并加以调适。出版者建立网站,一般采取自建开发或委托(外包)服务的方式。自建网站成本投入较大,规模较大的互联网出版企业往往选择自主开发建设,如赢利模式稳定、收益较大的文学原创网站、游戏网站等,而通常规模较小或缺乏互联网技术、人才资源的机构,往往委托专业公司依据自身需要进行制作、维护,以节省成本,如传统的出版企业建设的互联网数字出版网站。

在网站建设的基础上,互联网出版者还必须建立相关的编辑工作平台,进行内容检索、组织以及编辑加工，以内容安全为前提，建立严格有序的操作程序与审核规则，以符合国家的出版方针政策。

4. 互联网出版专业人员

互联网出版工作者主要由内容编辑人员和信息技术人员构成，应该是"复合型"人才。编辑人员不仅需要掌握内容策划、设计制作、编辑加工的具体方法、技巧，还需掌握计算机应用技术、多媒体制作技术和网页制作技术，甚至是用户调查、论坛管理和电子商务方面的知识。信息技术人员应该熟悉出版专业的基本要求，理解互联网出版的人文特质，才能不断进行技术开发与规划。

（二）互联网出版的主要特点

随着数字化技术对传统出版业影响日增，互联网出版与音像出版、电子出版在内容编辑与数字技术整合、制作上有较多的共性，比如内容的数字化处理以及编辑、存储、复制与传播手段的数字化和网络化等。但与传统纸质出版相比，互联网出版的特点则异常鲜明。

1. 依托硬件设备与软件系统

与数字出版相同，互联网出版过程中需要依靠计算机、网络等硬件设备进行内容的数字化处理、信息存储、编辑制作、销售发布，也需要有相应的软件系统予以支持，如编辑制作流程管理系统、电子商务系统等。此外，互联网出版物也必须借助个人计算机、阅读器等硬件设备以及相关软件才能阅读、使用。

2. 产品形态及流通方式的数字化、网络化

互联网出版物以数字代码方式编辑、存储，依照不同产品、不同运行程序而分别呈现不同的数字格式。除了纯文字作品，大部分出版物都具备多媒体特征，文字、音频、动漫等集于一身，内容形态十分多样。

互联网出版物借助互联网实现流通（发行），用户（读者）都必须通过网络链接阅读终端（计算机或阅读器等）下载或直接浏览产品，付费产品则通过出版者或代理商的电子商务服务系统支付。

目前，国外已经出现了部分互联网数字产品，既可以下载数字版，也可以接受按需印制方式，如一些互联网音乐出版商提供的乐谱数字版下载及按需印制服务。

3. 出版速度迅捷

与传统出版相比，互联网出版由于借助网络、计算机等技术，从资源的收集、策划、编辑加工到数字内容的制作、审稿、发布等流程都相当高效，出版周期变短。

4. 信息的交互性

所谓互联网出版的交互性，指的是读者与出版者通过产品在互联网上进行信

息传递、交流互动的功能特征,这是由互联网技术所决定的。互联网出版物能提供给读者广泛的超链接途径,使得出版物所拥有的信息容量获得巨大提升,同时,还即时提供相关的修订内容,读者也可以随时将建议反馈给出版者,帮助出版者开拓思路,研发产品,提高质量。

(三)互联网出版物的主要类别

无论是通过有线还是无线传播,互联网出版物都必须借助硬件设备读取。按出版物的内容和表现形态划分,互联网出版物大体可以分为以下几类:

1. 互联网数字图书

数字图书又称"电子书",是以数码方式记载内容,以文字、图片为主的篇幅较长的出版物。内容来源大致有两类:一类是从纸质图书转换而来的出版物,以"拟书态"形式出现,往往会添加检索或超链接功能,以扩展在线阅读的容量;一类是互联网出版者自行开发的作品,发布时常以篇、章、节为单位,其表现形态与纸质图书有一定区别,比如在计算机上的阅读界面较似网页,还可添加背景音乐或其他多媒体内容,文本容量较为庞大。

2. 互联网数字报刊

互联网数字报刊主要由连续性出版物的出版机构,即杂志社、报社等将其纸质报刊内容转化为数字格式,通过互联网发布,读者可在联网计算机或手机等设备上通过下载或在线方式阅读。通常,这些数字报刊在互联网上以网站的形式出现,并根据报刊定位,添加适宜网站发布的其他栏目及功能,如即时发布的信息栏目、媒体播报平台以及编读互动平台、检索工具等。与数字图书一样,数字报刊也分收费与免费两种。

3. 网络游戏

网络游戏是由专业机构策划制作,并在网络上发行、销售的游戏,可分为角色游戏、体育游戏、益智游戏、动作游戏等类型。网络游戏往往由生动的情境、情节组成,通过用户认领角色,在线与其他用户互动参与进行。在我国,网络游戏出版近年来发展迅猛,其产业规模已位居互联网出版业之首。

4. 互联网数据库出版物

互联网数据库出版物是指把用户所需要的数据信息进行整理、归类、细分并加以存储,以便用户查询检索。较常见的数据库出版物包括专业数据库,如法律研究数据库、文献数据库等;生活资讯数据库,如各类网络地图;教学及考试题库等。专业数据库、题库等多采用付费方式,生活类数据库等则多为免费。

5. 互联网教育数字资源

这种类型的出版物发展较为迅速,是一种依托专业教育机构、教育体系,通过互联网出版的组织,将数字化教学、远程教育、在线教学辅导、课件等多种教学方式内融为一体而形成的综合型出版形式。其最大特点是出版、教育以及互联网技术之间跨行业的高度整合。在我国,近年来出现的针对基础教育的"数字书包"即可视作该类出版物的代表,它结合数字教材、数字辅导、远程教室数字内容与教学软件等内容,通过互联网和计算机终端(或平板电脑)实现阅读、视听、下载、更新、互动。

6. 互联网数字音像制品

互联网数字音像制品指通过互联网传播的音乐、影视、动画节目等。此类出版物常以非"专辑"形式出现,可以是单曲、片段的传播和销售,既可以购买下载,也可以在线点播。

二、我国对互联网出版的管理要求

我国对互联网出版的机构、出版的组织行为、出版物以及出版人员等,严格依照《著作权法》《出版管理条例》《计算机信息网络国际联网暂行规定》《互联网信息服务管理办法》《信息网络传播权保护条例》,以及《互联网出版管理暂行规定》和《互联网著作权行政保护办法》等法律法规进行管理。

(一)互联网出版人员管理

坚持国家的出版方针政策,坚持正确的导向,是我国出版工作者必须严格遵循的。互联网出版业的编辑人员实行资格准入制,需通过国家相关资格考试持证上岗,从业人员的计算机及网络应用能力,也要明显高于传统出版行业相应的岗位。一些特殊的编辑工作,如负责互动评论的编辑(管理员)、网络新闻、时政评论编辑等,出版机构可在有关部门的指导下,针对网络舆情、突发事件等内容,组织编辑人员进行深入培训。此外,互联网出版业的技术人员除要具备专业技能外,还要了解出版工作的基本原则和流程。

(二)互联网出版机构的设立规定

从事互联网出版活动,必须经过批准。未经批准,任何单位或个人不得开展互联网出版活动。申请从事互联网出版业务,应当由主办者向所在地省、自治区、直辖市新闻出版行政主管部门提出申请。经审核同意后,报国家新闻出版广电总局审批。获得批准后,主办者应当到省、自治区、直辖市电信管理机构办理相关手续。

（三）互联网出版活动及内容管理

对传统出版内容管理、著作权管理的所有原则，均适用于互联网出版。基于互联网出版过程、传播形态的特殊性，国家对互联网出版在选题、内容编辑、内容保存等多方面有着特殊的要求。

1. 批准文号标志及出版范围

所有互联网出版单位必须在其网站主页上标出国家新闻出版广电总局的批准文号。国家在批准成立互联网出版机构时都会给出相应的出版范围，任何互联网出版机构均不得违反规定，超范围出版。

2. 禁止出版的内容及重大选题备案

凡《出版管理条例》规定禁止出版的内容（第二十五、二十六条），一经发现必须删除，并上报所属省级新闻出版局，同时抄报国家新闻出版广电总局。违反规定的出版机构由各省级新闻出版局予以处罚，情节严重应停业整顿或终止互联网出版资格。此外，互联网出版重大选题必须遵照重大选题备案的管理规定，送国家新闻出版广电总局备案，并报告所在地省级新闻出版局。违反规定的，省级新闻出版局应责令其停止刊登，并进行处罚，情节严重的可予以停业整顿或终止互联网出版资格。

3. 互联网出版物内容备份制度

所有互联网出版机构都必须严格执行出版（传输）内容产品的备份制度，所有备份必须有 60 日保存期。备份内容包括：互联网出版机构出版的所有内容，出版（刊登）时间、网址域名，并且出版者有义务回应国家有关部门的查询要求并提供相关资讯内容。凡违反规定的省级电信管理机构将予处罚并责令整改，情节严重的可责令停业整顿直至暂停或关闭网站。

三、互联网出版的资源与著作权保护

传统出版的内容资源以及互联网出版机构通过网络搜集或向社会及个人组织、征集的各类未曾出版过的内容资源，构成互联网出版的主要出版资源。这些资源的编辑、制作、出版，必须符合国家著作权法的有关规定，取得著作权人授予的包括相应数字版本复制权的"信息网络复制权"，这是互联网出版机构出版、传播合法性的重要基础。

互联网出版机构组织而来的未曾出版过的内容资源，无论是文字、图片作品还是音频、视频类作品，都必须获得著作权人授权。基于互联网出版物的数字化、多媒体化特性，一些作品的著作权构成比较复杂，出版机构应仔细甄别各著作权人，

——与之签约,确保授权的合法与有效。通常,互联网出版机构只需从著作权人那里取得信息网络传播权(含出版复制权),但有些互联网出版机构从商业扩展角度谋划跨媒体合作,如文学原创互联网出版机构策划原创作品的文学图书出版,改编为影视剧、网络游戏,版权输出等,则应事先取得著作权人授予的相关权利,如纸质图书复制权、发行权、改编权、翻译权、摄制权等。需要指出的是,在我国,基于出版管理原则,在跨媒体合作中,互联网出版机构的实际作用更类同于"著作权代理人"与"文化经纪人",因此,相关运作仅围绕项目的商业性拓展及著作权经营而开展,绝非跨行业"出版"。

互联网出版机构采纳传统出版机构已出版作品时,必须与著作权人签订相关授权合同。如果作品著作权人已将出版作品的数字复制权授予传统出版机构,则互联网出版机构应同传统出版机构联系,取得授权。目前,部分传统出版单位成立了互联网出版机构,但是传统出版单位所拥有的尚在授权期限内的在版作品,决不能任意用作互联网出版。出版社必须认真审核相关合约,除非著作权人已授予出版社相应的信息网络传播权(电子出版复制权),否则必须签订补充合同,确认授权后方可安排作品在互联网上出版。此外,传统报刊由于稿件较多,难以一一确认,故一般采用连续刊登"启事"的形式,即声明稿件采纳刊登后,报刊即自动获得信息网络传播权的要约来主张权利,但其有效性仅限于权利要约的声明刊发后获得的稿件,之前稿件若安排互联网出版,仍需要原著作权人明确授权。

互联网出版依托数字和网络技术运作,因此,数字著作权资源的积累和著作权作品的保护也必须通过数字技术和网络技术予以支持和解决。一方面,互联网出版机构应建立其有效的数字化资源搜索、分类、存储系统,建立关联性的著作权跟踪系统,从而在形成出版资源库的同时,确保获取相应作品的著作人授权。另一方面,为切实保护已出版作品的著作权,维护著作权人及自身的权益,互联网出版机构应积极采用最新数字化加密手段,尤其是必须根据互联网出版机构自身的软硬件配置情况,以及目标客户的程序系统的普适性要求设计数字加密方案,切实提高作品传输的下载认证和密码确认、电子商务第三方支付等多重保护手段的安全性、有效性。

小　结

与传统出版相比,数字出版在内容结构、产品形态、编辑手段、传播发行、阅读方式等方面特色鲜明。总体而言,它依托计算机数字技术,以数字形式存储并借助硬件设备传输、表达、阅读。因此,数字作品可以借助数字多媒体技术而使得产品形态丰富多样,同时也促使编辑技术从传统的文本、图像处理,发展为借助于计算机技术对编辑内容的碎片化、标记化、整合化等各种综合处理,使得各不相干的出版资源"数据库化",极大提高了编辑和出版效率。此外,互联网已经成为数字出版不可分离的技术平台与服务平台,无论是编辑制作,还是产品传播、阅读都离不开互联网的支持,从这个意义上说,互联网出版与数字出版的概念是重合的。

需要特别指出的是,出版是一种文化生产与再生产行为,从人类历史上看,科学技术的进步无疑会促进出版事业的发展;但是,技术无法撼动文化生产本身所特有的规律与准则,数字出版的发展,也必须符合出版生产、发展的普遍规律,而不是解构它、颠覆它。

思考与练习

1. 什么是数字出版和数字出版物?目前数字出版物的类型大致有哪些?

2. 电子出版物的特点表现在哪些方面?

3. 什么是互联网出版和互联网出版物?我国互联网出版物大致分为哪几类?

4. 互联网出版的基本条件是什么?有哪些显著特点?

5. 为什么说电子出版物和互联网出版物的关联性日趋明显,甚至部分产品已完全"转型"为互联网数字出版物?

6. 为什么说互联网出版代表了数字出版发展的最重要方向?

参考文献

[1] 全国出版专业职业资格考试办公室.出版专业基础·初级(2011 年版)[M].武汉:崇文书局,2011.

[2] 全国出版专业职业资格考试办公室.出版专业实务·初级(2011 年版)[M].武汉:崇文书局,2011.

[3] 全国出版专业职业资格考试办公室.出版专业基础·中级(2011 年版)[M].上海:上海辞书出版社,2011.

[4] 全国出版专业职业资格考试办公室.出版专业实务·中级(2011 年版)[M].上海:上海辞书出版社,2011.

[5] 全国出版专业职业资格考试办公室.有关出版的法律法规选编[M].郑州:大象出版社,2011.

[6] 袁亮.出版学概论[M].沈阳:辽海出版社,2000.

[7] 易图强.出版学概论[M].长沙:湖南师范大学出版社,2008.

[8] 罗紫初.出版学基础研究[M].太原:山西人民出版社,2005.

[9] 师曾志.现代出版学[M].北京:北京大学出版社,2006.

[10] 姚福申.中国编辑史[M].上海:复旦大学出版社,2004.

[11] 肖东发.中国编辑出版史[M].沈阳:辽海出版社,2006.

[12] 肖东发.中外出版史[M].北京:中国人民大学出版社,2010.

[13] 黄镇伟.中国编辑出版史[M].苏州:苏州大学出版社,2003.

[14] 王余光.中国出版通史[M].北京;中国书籍出版社,2008.

[15] 李苓,黄小玲.编辑出版实务与技能[M].成都:四川大学出版社,2005.

[16] 陈丽菲,王月琴,王秋林.现代图书编辑实务教程[M].苏州:苏州大学出版社,2007.

[17] 罗紫初,汪林中,宋少华.出版发行学基础[M].太原:山西经济出版社,2000.

[18] 新闻出版广电总局人事教育局,新闻出版广电总局职业技能鉴定指导中心.出版物发行员职业资格培训教材·基础知识[M].北京:中国书籍出

版社,2007.

[19] 刘拥军.现代图书营销学[M].苏州:苏州大学出版社,2003.

[20] 杨贵山.海外出版业概述[M].苏州:苏州大学出版社,2007.

[21] 杨贵山.国际出版业导论[M].北京:北京大学出版社,2010.

[22] 阿尔伯特·格莱科.21世纪出版业的文化与贸易[M].北京:中国人民大学出版社,2010.

[23] 阿尔·西尔弗曼.黄金时代:美国书业风云录[M].北京:机械工业出版社,2010.

[24] 艾伯特·格雷科.图书出版业[M].2版:北京:清华大学出版社,2011.

[25] 李建伟,王志刚.版权贸易基础[M].开封:河南大学出版社,2006.

[26] 莱内特·欧文.中国版权经理人实务指南[M].袁方,译.北京:法律出版社,2004.

[27] 张志林,张养志,等.北京版权贸易与版权产业发展研究[M].北京:印刷工业出版社,2009.

[28] 史梦熊,牛慧兰,张杰,等.出版产业与著作权法[M].北京:科学出版社,2000.

[29] 阙道隆,徐柏容,林穗芳.书籍编辑学概论[M].沈阳:辽海出版社,2000.

[30] 张天定.图书出版学[M].开封:河南大学出版社,2006.

[31] 徐柏容.期刊编辑学概论[M].沈阳:辽海出版社,2004.

[32] 龚维忠.现代期刊编辑学[M].北京:北京大学出版社,2007.

[33] 陈仁风.现代杂志编辑学[M].北京:中国人民大学出版社,1995.

[34] 王栋.对话美国顶尖杂志总编[M].北京:作家出版社,2008.

[35] 崔莹.办最赚钱的杂志:对话英国名刊[M].广州:南方日报出版社,2007.

[36] 本顿·雷恩·帕特森.期刊编辑[M].石家庄:河北教育出版社.2004.

[37] 伦纳德·孟格尔.期刊经营[M].石家庄:河北教育出版社,2004.

[38] 欧阳霞.报纸编辑[M].北京:北京大学出版社,2010.

[39] 沈兴耕.报纸编辑实务[M].北京:中国广播电视出版社,2007.

[40] 甘险峰.当代报纸编辑学[M].广州:中山大学出版社,2008.

[41] 郑兴东.报纸编辑[M].武汉:武汉大学出版社,2000.

[42] 赵鼎生.西方报纸编辑学[M].北京:中国人民大学出版社,2000.

[43] 李普涛,杨东升.音像编辑的理论与实践[M].开封:河南大学出版社,1997.

［44］何春华,黄凯卿.图书、音像制品、电子出版物营销分类法实施指南［M］. 深圳:海天出版社,2011.

［45］出版管理条例·音像制品管理条例［M］.北京:中国法制出版社,2011.

［46］新闻出版广电总局出版管理司编.图书音像电子出版物出版管理手册 (2013版)［M］.北京:中国法制出版社,2013.

［47］田胜立,陈少华,田晶.电子出版物概论［M］.武汉:华中理工大学出版 社,1998.

［48］包鹏程,范文婷,何海巍.电子出版物［M］.武汉:华中科技大学出版 社,2010.

［49］姚海根,孔玲君,滕莉.电子出版概论［M］.北京:印刷工业出版社,2003.

［50］谢新洲.电子出版技术［M］.北京:北京大学出版社,2006.

［51］黄孝章,张志林,陈丹.数字出版产业发展模式研究［M］.北京:知识产权 出版社,2011.

［52］卡斯多夫.哥伦比亚数字出版导论［M］.徐丽芳,刘萍,译.苏州:苏州大 学出版社,2007.